U0478933

谵小语，本名张宁。作家、文化学人。中国高等教育学会会员、辽宁省作家协会会员、辽宁省文艺评论家协会会员，历任辽宁省古代文学学会副秘书长、辽宁省法治文化研究会理事等。参与《中国大百科全书》（第三版）编撰，在《中华读书报》《社会科学报》《文汇报》《学术评论》《嘉兴大学学报》《辽东学院学报》等报刊发文多篇，作品入选“中国影响力图书推展”年度榜单。出版《和金庸一起聊教育》《多情的正义》《真迹与风度：字画里的21个有趣灵魂》等专著多部。

【精读博物馆】

镌影

碑版里的温度

谵小语 著

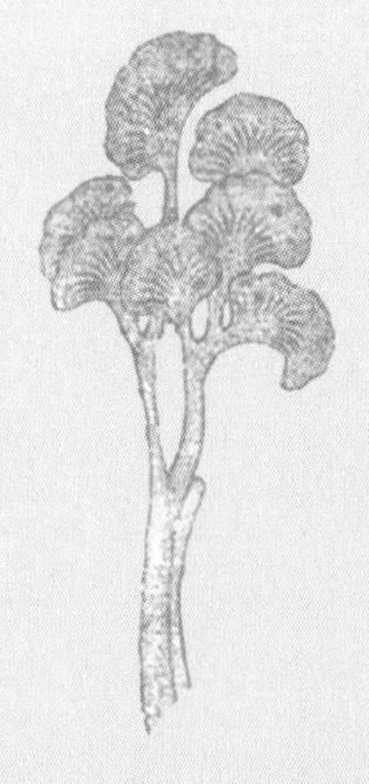

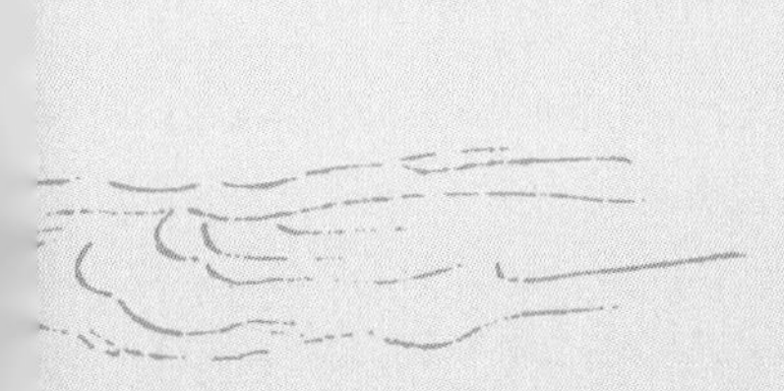

海峡出版发行集团
福建教育出版社

图书在版编目（CIP）数据

镌影：碑版里的温度/谵小语著. —福州：福建教育出版社，2024.11. —（精读博物馆）. —ISBN 978-7-5758-0079-2

Ⅰ.K877.42

中国国家版本馆 CIP 数据核字第 2024GB9067 号

策划编辑：黄珊珊
责任编辑：韩中华
装帧设计：季凯闻

精读博物馆

Juan Ying——Beiban Li De Wendu

镌影——碑版里的温度

谵小语　著

出版发行　福建教育出版社
（福州市梦山路 27 号　邮编：350025　网址：www.fep.com.cn
编辑部电话：0591-83779650
发行部电话：0591-83721876　87115073　010-62024258）

出 版 人　江金辉

印　　刷　福州印团网印刷有限公司
（福州市仓山区建新镇十字亭路 4 号）

开　　本　710 毫米×1000 毫米　1/16

印　　张　8.75

字　　数　117 千字

插　　页　2

版　　次　2024 年 11 月第 1 版　　2024 年 11 月第 1 次印刷

书　　号　ISBN 978-7-5758-0079-2

定　　价　48.00 元

如发现本书印装质量问题，请向本社出版科（电话：0591-83726019）调换。

序

在经历了艰难曲折的历史进程之后，进入 21 世纪以来的中国，正渐渐走回到世界舞台的中心。面向未来的同时，我们还应该熟稔我们的过去。《诗经》说："周虽旧邦，其命维新。"在古老的文化基因中寻找民族复兴的力量之源，是我们这一代国人的使命。

"中国文化博大精深"，这是我们常常挂在嘴边的一句话，可具体说是怎么博大精深的呢？似乎又一言难尽。拥有几千年历史的中华文明，当然是包罗万象的，那我们要从哪里说起呢？我觉得，离我们最近的就是艺术和文学，而在艺术当中书法和绘画无疑是最具代表性的。

我近年来平均每年打卡十余座博物馆、艺术馆、美术馆，每年走进相关场馆几十次。在博物馆里，我最大的感受就是，同一首诗、一篇文章，铅印的和手写的带给我们的感觉是完全不一样的；同一幅书画作品，在书刊、电子屏幕上看和在现场亲眼看，感觉也是完全不一样的；同是一个人，读他的诗文和看他的艺术作品也会有完全不同的收获。这也是我热衷于走进博物馆的原因和动力。把这些观览和学习的心得整理出来，便形成了这套小书。

本套丛书大体上分书法、绘画、碑版三个类目，以挖掘中国传统文化精髓为线索，选取从晋代到近代较有代表性的几十位文化名家，撰述他们醉心文墨的故事和人生精彩瞬间。这些人都是在中国古代历史上拥有举足轻重地位的大家，他们的影响遍及政治、文学、艺术、思想等多个领域，了解他们就是了解我们的过去，了解我们文化的来路。我希望读者朋友们跟着我一起走进博物馆，以真迹、文物为依托，从一件件作品的小角度切入，以大文化的视野放眼看去，探索那方奇美与浪漫的天地。

本书的文章不是传统意义上严肃的文艺解读或评论，而是在专业研究的基础上用通俗的语言传达信息和观点，我想做的就是向普通读者群体讲述历史上这些文化精英的故事。所以，我尽可能以学术研究的严谨精神完成生动有趣的写作。

在博物学、文学、书法、绘画的交叉空间，我还想强调一些非常有意义但却长期被大众忽视或很难拎得清的问题。如中国画就是重写意而不讲透视和比例吗？重现真迹样貌可能吗，如果不可能为什么还要临摹呢？这些问题乍听起来似乎都是不言自明的常识，可是一较真儿就会发现这里面有许多学问。

在多重视角的聚焦下，很多问题渐次突显，它们的确是有趣的，类似破案一样的探轶过程，既耐人寻味又有助于我们理解这些作品的审美指向，理解这些文化大师的精神世界，乃至我们的千年文脉。如苏辙《题灵岩寺》诗碑，该诗在文学史上很少被提及，苏辙的诗文比这更好的有很多；此碑在书法史上情况类似，鲜有书法专业人士去研究这块碑，因为苏辙在书家辈出的宋朝算不上书法名家；在文博界，这算是苏辙留下的为数不多的书迹之一，可是大家又不太深究诗碑内容和相关细节。实际上，该诗碑背后大有文章，而类似的情况在古代字画中非常之多。

在对这些作品和人物的解说过程里，又牵带出许多奇妙的文化现象。例如：韩愈的侄子韩湘如何成了八仙之一韩湘子的原型；柳宗元的五世叔祖的女儿就是被武则天扳倒的王皇后；曾巩的第一身份是政法工作者，做过司法官，也曾打造“警民治安联防体系”；真实的王冕并不是完全靠自学成才的穷小子，也不只是画家，等等。这些问题我们从单一的文本里、在独立的学科视角下，都难以窥见全貌，每一件作品、每一位文化人物其实都可以在我们这样的多角度、全方位观察下“活”起来。

古代这些贤士智者给我们留下的不仅是文学、艺术和思想上的财富，他们还在治学、从艺、为官、做人等方面给我们带来了深刻的启迪，所以读懂他们不仅仅是某个专业上的事情，更是今天每一个青年乃至每一个中国人的必修课。例如：张旭作为“草圣”让我们觉得他天纵癫狂、不拘礼法，而其罕见的楷书竟然写得极为规矩且静美无比，这说明夯实基础的重要性；黄庭坚诗文雅致，书法墨迹中的他却超乎想象地“无厘头”，他的艺术创作告诉我们如何做一个快乐的人……透过这些艺术作品，我们看到的是远去的大师背影和风度。

书中也提出了一些不同既往通说的文艺观点，我希望能够突显一种思辨性审美思维方式。如常见鉴赏资料对王安石《钟山即事》的误读。尽管这可能是我的个人见解，但不容否认的是，长期以来，忽视个人经历、学养与时代大背景，只从字面理解诗文的现象非常普遍，复制粘贴死记硬背远远多于用心品读，这些痼疾不利于传统文化精髓的挖掘与传播。诚然，书中的一些观点也未必完全正确，但是我乐于进行这样的观览与思考，如果进而能够引起大家对这些问题的注意，抛砖引玉也是好的。

我一向认为，单一的学科知识并不能说透复杂的文化现象。本丛书这些文章写作的大背景其实是一种通识认知，打破文学和绘画、书法的界限，将文学、艺术、历史、政治、思想等领域的基本知识融会贯通，在此基础上才能阐幽发微。我相信这是我们走近那些伟大经典的一种路径，也是我们理解诸多文化问题进而获得生命启迪的一种方法。

谵小语

2024 年 9 月 10 日

目 录

1 | 山海之间的帝国丰碑

14 | 魏晋乱世中的纸上风雅

24 | 醴泉清波里的刀光剑影

36 | 癫狂与静默的变奏曲

48 | “看展”，也是一种仪式

57 | 寒江孤影，独钓千年

66 ｜从无边沧浪到浩瀚洞庭

77 ｜太守与民争利，可乎？

85 ｜自放于山水之间

94 ｜秀逸浑厚皆通达

104 ｜墨影镌英，说不尽的传奇

118 ｜融会贯通，兼容并蓄

山海之间的帝国丰碑

公元前 218 年，大秦始皇帝刚刚年届不惑，但此时的他已经毫无争议地成了千古第一帝。他在“六王毕，四海一”之后，又建立起一整套前所未有的统治秩序。他志得意满，巡行他的国土，君临他的天下。第二年，

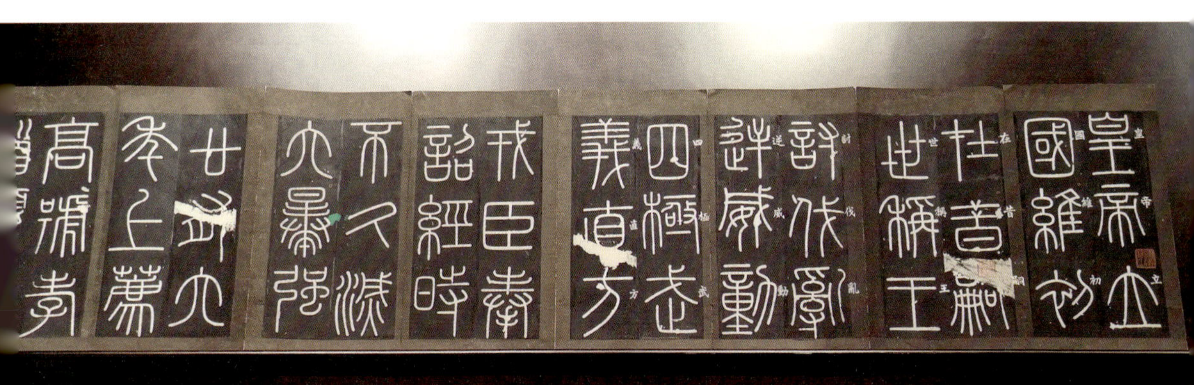

明拓宋刻秦《峄山刻石》（部分），辽宁省博物馆藏

秦始皇至邹鲁大地，登泰山封禅，临峄山刻石以颂秦德。于是，中国历史上第一块记功碑《峄山刻石》诞生了。由于年代久远，该石早已佚失，传世无原石拓本。到宋代郑文宝据徐铉藏摹本重刻于西安，迟至明代，石已断裂，所以传世最早的明拓本也有断痕。

2021 年 12 月 28 日，“墨影镌英——辽宁省博物馆馆藏金石拓本展”正式对外展出，秦《峄山刻石》罗振玉旧藏明拓北宋重刻本剪裱经折装列展其中。碑文说：

皇帝立国，维初在昔，嗣世称王。讨伐乱逆，威动四极，武义直方。戎臣奉诏，经时不久，灭六暴强。廿有六年，上荐高号，孝道显明。既献泰成，乃降专惠，亲巡远方。登于峄山，群臣从者，咸思攸长。追念乱世，分土建邦，以开争理。功战日作，流血于野，自泰古始。世无万数，陀及五帝，莫能禁止。乃今皇帝，壹家天下，兵不复起。灾害灭除，黔首康定，利泽长久。群臣诵略，刻此乐石，以著经纪。……[①]

这方石刻的内容主要强调的是秦始皇“灭六暴强”和“分土建邦”的开创之功，以及“亲巡远方”“刻此乐石”这一大事件的用意。

在广义上，我们也将这样的石刻称为“碑”，《峄山刻石》常常又名《峄山碑》，但严格说来，“刻石”与“碑”虽都属于石刻范畴，但并不能完全等同。刻石所刻之石，更确切地说，应该叫“碣石”。据东汉许慎《说文解字》，“碣”字的本义是“特立之石”。“石”为特立，但却并无固定的、特殊的形制，适合刻立即可；刻字的内容也比较自由，可以是封禅、纪功、记事、表彰等。这与后世形制和内容相对固定的碑刻有着明显区别。

据司马迁《史记》记载，秦始皇在高级官员的陪同下巡行东方，总共刻石七次，即《峄山刻石》《泰山刻石》《琅琊台刻石》《之罘刻石》《东观刻石》《碣石门刻石》《会稽刻石》。这些大部分已经被岁月销蚀的石刻，从物质载体上说是刻石、碣石，从字体形式上说则是小篆。小篆是中国历史上第一种全国通用的统一性文字。

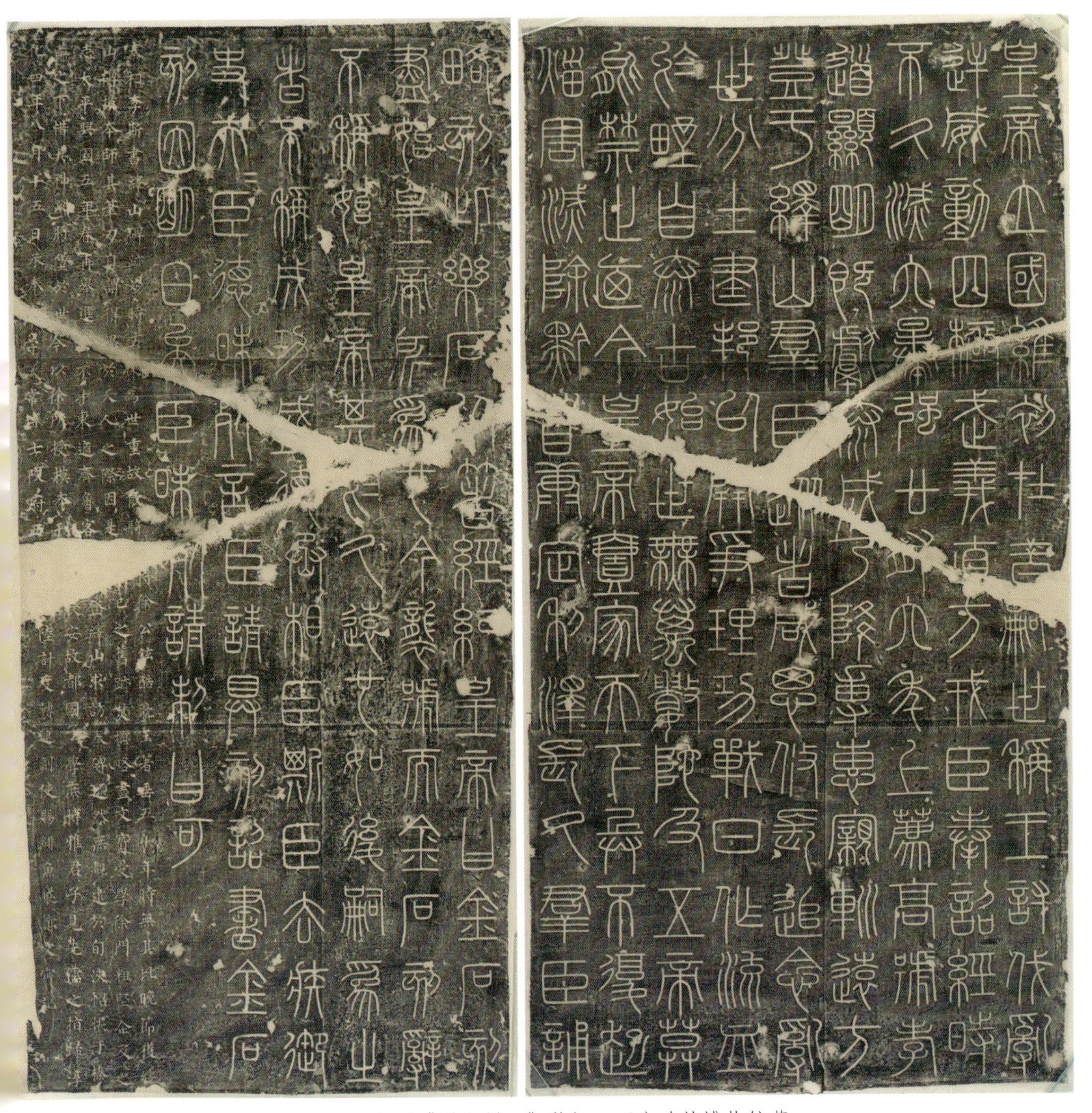

宋刻《峄山刻石》整拓，西安碑林博物馆藏

小篆、同书文字与中国书法史

说到小篆，就不得不说到那位陪同始皇帝巡行东方的高级官员——秦相李斯。李斯正是推动秦始皇统一文字的第一人，也是这一浩大工程的具体负责人，甚至，今天我们谈论的这些秦刻石，后世认为就是李斯受命起草并亲自书写之后，凿字镌刻矗立千载的。[②] 李斯，可以说是中国书法史上第一位有姓名记载的书法家。

李斯本是楚国上蔡人，《史记》说他“年少时，为郡小吏”。在司马迁的时代，说“吏”，一般就是指胥吏或差役，更何况是小吏。李斯饱受底层的压抑，不甘平庸，因而寻访名师想要让人生进阶升级。果然，他真的找到了一位顶级人生导师，著名思想家、哲学家、教育家、文学家、政治家，先秦时代儒家最后的大师、先秦学术思想的集大成者——荀子。

在做小吏的时候，李斯曾经看到，有老鼠在厕所里吃脏东西，只要有人或狗走过来，老鼠就惊慌逃窜；可是粮仓中的老鼠完全是另一种状态，吃的是高级的粟米，住在整洁的大屋子下，也没有被人或狗惊扰的担忧。于是李斯感慨道:“一个人是否有所成就，就如同这老鼠一样，关键是自己所处的环境如何。”[③] 荀子作为教育家，就特别强调环境对人的影响，他认为环境和教育是决定人能否成圣的两个最重要的因素。因此，从这个角度说，师徒二人应该有许多共同语言，后来的事实也证明，荀子的教学成果是古今数千年间不多见的。

从前做小吏，看世界是需要仰观的，学成结业后，李斯走出荀子的房间再放眼望去，一切都明朗起来。他很自信地判定，楚王不堪辅佐，未来时代的风口应该在秦国。因此，即便身为楚国人，李斯还是义无反顾地奔赴了秦国。到达秦国以后，李斯辅佐秦王嬴政统一天下，被拜为丞相，他也是中国历史上第一位统一封建王朝的丞相。

《琅琊台刻石》说:“器械一量，同书文字。日月所照，舟舆所载。皆

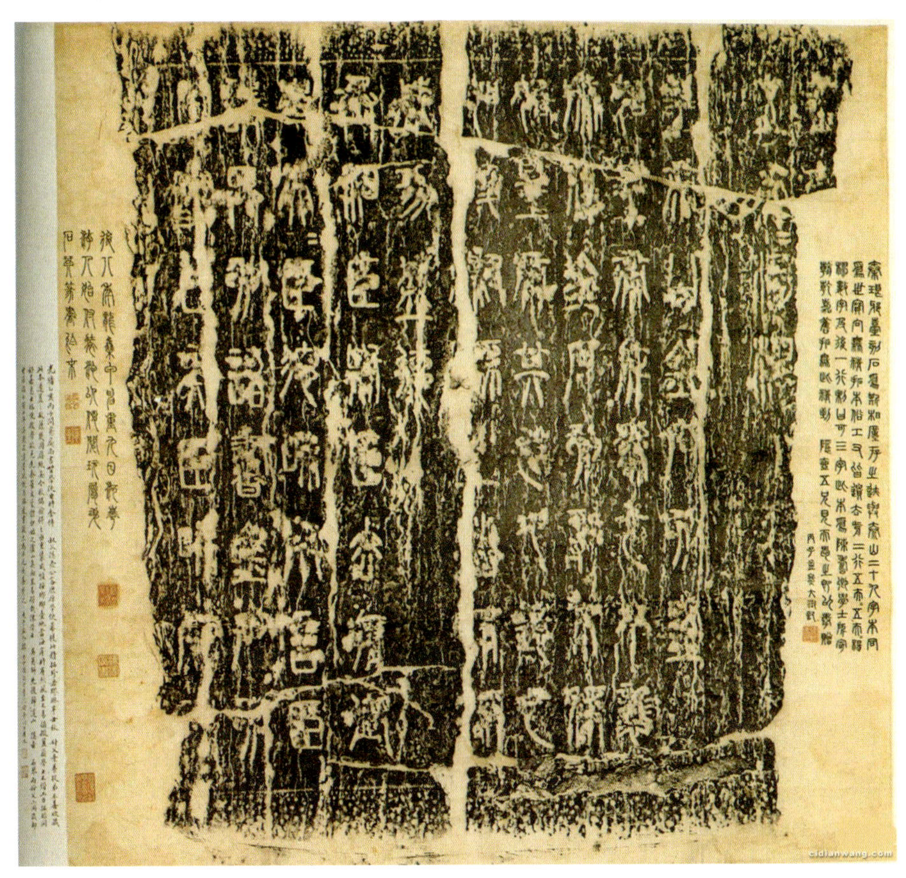

秦《琅琊台刻石》拓本，北京故宫博物院藏

终其命，莫不得意。”在土地疆域上实现了大一统的中国急需一种统一的官方文字。公元前 221 年，秦始皇接受丞相李斯“同书文字”的建议，命令禁用各诸侯国留下的古文字，一律以秦篆为统一书体。李斯便奉秦始皇之命整理规范秦篆，最后形成小篆。许慎在《说文解字·叙》中说，李斯等人在奉秦始皇之命制作标准字样时，“皆取史籀大篆或颇省改，所谓小篆者也”，小篆的名称即是为了尊大篆而与其对应称“小”。为了推广小篆，李斯又撰文书写《仓颉篇》，另有赵高作《爰历篇》、胡毋敬作《博学篇》，均采用新改定的小篆书体，作为统一标准的教材，供人临摹学习。《仓颉篇》与《史籀篇》齐名，《史籀篇》传说为周宣王太史所作识字书，《史籀篇》中的文字被称为“籀文”，即一种大篆。

李斯发起并组织文字统一工作，使小篆定型，这对后世影响极为深远。带有李斯标记的小篆与刻石，在中国文字史、书法史、文化史、文明史上都非常重要。它不仅是篆刻一门艺术的物质与精神源头，还是后世金石学、碑学的重要研究对象。有了统一的小篆，才有了后来的隶书，乃至草、行、楷等字体的演变。同时，统一文字更大的意义在于，有利于文化的融合、传播与传承，有利于中华文脉的赓续。

权衡、君臣传奇与法家治国

公元前 247 年，秦庄襄王病死，嬴政即位。李斯恰巧就是在这个时候入秦的。他很快得到相国吕不韦的赏识，被荐为郎官。这个职务官阶不高，但却可以近距离接触国君。于是李斯找准时机向嬴政进献统一天下的计策，这正中嬴政下怀，年少的王早有成就霸业的雄心。李斯晋升长史，渐渐成为嬴政智囊团队的核心人物。

正如《峄山刻石》碑文所称，“经时不久，灭六暴强”。公元前 221 年，秦始皇统一六国。李斯坚决反对王绾等人恢复周朝分封制的主张，成功说服秦始皇施行郡县制，《峄山刻石》称为“分土建邦”。大一统的国家建立后，首要的问题是如何让这个庞然大物顺畅地运行起来，那就要有一系列规范和制度。丞相李斯当然又成为第一责任人，此时他已然是法家思想的集大成者与实践者。说到这里，有个问题就呈现出来了——师出儒家的荀子却成为法家代表人物，是何道理？

其实，所谓诸子百家，各家各派的思想本身就有相通之处，彼此渗透，互相影响。荀子特别重视环境和教育，是因为他认为人性本恶。那如何才能遏制人性之恶呢？有两个途径，除了教育，就是法律。所以荀子的两个最著名的弟子都成了法家杰出人才，一个是李斯，一个是韩非。韩非原本也是经李斯引荐，被秦王赏识，可是不久却被投入狱中服毒自尽，而毒药正是李斯派人送去的。

韩非的死，后世有各种理解。李斯曾经冒死写了一篇《谏逐客书》，向秦王力陈人才对一个国家的重要性，最终说服秦王打消了驱逐各国贤能人士的念头，也化解了自己人生与事业的危机。可是现在他为什么要害死韩非呢？也许是因为李斯嫉妒韩非的才华，担心自己位置不保，所以起了杀心；也许李斯把韩非置于自己掌控范围之内就是要除掉他，因为作为昔日同窗，他深知韩非的厉害之处，假如他不在秦国而留在韩国或者为任何其他国君所用，都将是秦统一大业的重大障碍。韩非与李斯，天下只能有其一。

然而，荀子对这两个学生，特别是李斯，似乎并不十分满意，没有感到骄傲与自豪。相反，李斯做秦相，让荀子很上火，认为他大祸将至。[④]他觉得学生背离了自己的学派，背离了儒家的仁义之本。李斯知道老师生气了，为自己辩解道：“秦四世有胜，兵强海内，威行诸侯，这些可不是靠仁义得来的，都是便宜行事、顺势而为啊！”荀子说：“你这不是大智慧，你所说的不过是一时之便。仁义才是王道，才是根本。现在你舍本逐末，天下必乱。”[⑤]

后来的历史证明，荀子说对了，但李斯自从离开荀子的大门走向诸侯纷争的世界，就已经走上了不归路。

现在，他要做的是修订法典，镂之金石。

《泰山刻石》特别提到了“治道运行，诸产得宜，皆有法式”。秦始皇此后又到之罘、琅琊台、碣石宫、会稽山等处巡游，总共进行了七次刻石。从保留下来的六篇碑文看，内容大体都是记事、歌功、颂德，但是对“法”的强调几乎在所有刻石中都有所体现。

如《琅琊台刻石》碑文载：

清拓秦《琅琊台刻石》(柬铁前整拓本)，辽宁省博物馆藏

古之帝者，地不过千里，诸侯各守其封域，或朝或否，相侵暴乱，残伐不止，犹刻金石，以自为纪。古之五帝三皇，知教不同，法度不明，假威鬼神，以欺远方，实不称名，故不久长。其身未殁，诸侯倍叛，法令不行。今皇帝并一海内，以为郡县，天下和平。昭明宗庙，体道行德，尊号大成。

在《之罘刻石》中又有这样的文字：

大圣作治，建定法度，显著纲纪。

普施明法，经纬天下，永为仪则。

《会稽刻石》则更加具体地说：

秦圣临国，始定刑名，显陈旧章。初平法式，审别职任，以立恒常。

明拓秦《会稽刻石》（部分，话雨楼王楠旧藏本），辽宁省博物馆藏

在这些碑文中，反复提及“法度”“法令”“纲纪”“仪则”“刑名”“法式”这样的词语，可见秦始皇对“法”有着怎样的信仰与崇奉。其实，这并不令人觉得意外。从秦孝公任用商鞅进行变法，使秦国强势崛起，到嬴政任用李斯为相，使秦国走向中央集权的大一统帝国，都在极大程度上得益于最高统治者对法家思想的实践。

可是，李斯最终的结局和他那位法家前辈商鞅差不多。“沙丘之变”开始让李斯的世界乾坤倒转，在他生命的最后时刻，这个国家的继任掌权人没有给这位先皇无比器重的立法者留下一点温存——腰斩，夷三族。李斯后悔与赵高同流合污，掩饰不住的不满让对方觉得，天大的秘密有可能被泄露，那就只能让知道秘密的人永远不说话了。李斯在被押往刑场的路上对一同赴死的儿子说：“吾欲与若复牵黄犬俱出上蔡东门逐狡兔，岂可得乎！”语气中虽流露着遗憾和无奈，却也称得上镇定从容。不知道此刻他是否想起了老师荀卿曾经对他说过的话……

大秦、刻石与华夏历史书写

秦始皇大概相信，在华夏大地的东方存在着神秘力量。他既不敢小觑曾经的东方大国齐国的故地和遗民，又隐隐觉得紫气东来绝非只是一种华美的说辞。他刻石于琅琊台之后，派徐市携童男女数千人入海求仙便是证明。他坚信东方的神秘力量可以让他福寿万年，江山永固。

秦始皇经峄山登泰山，举行封禅、祠祀典礼。作为秦人，他对于东土的礼仪并不熟悉。在峄山停留时，他曾召集鲁国儒生、博士七十余人讨论封禅事宜，但他认为诸儒论点迂腐，遂废黜不用。他下令随行群臣在泰山整修车道，只带了极少数贴身近臣至岱顶升封告天。在泰山之巅，这位开天辟地的帝王具体是用了怎样的礼仪与上天实现了沟通感应，史书没有任何记载。据推测，他在结合秦人规制的同时参考了齐鲁礼仪，自定了封禅程序。他都对上天说了什么，我们永远也不会知道了。我们可以知道的是，由丞相李斯书丹“颂秦皇帝德”的刻石，碑文宣扬了始皇帝一统天下的丰功伟

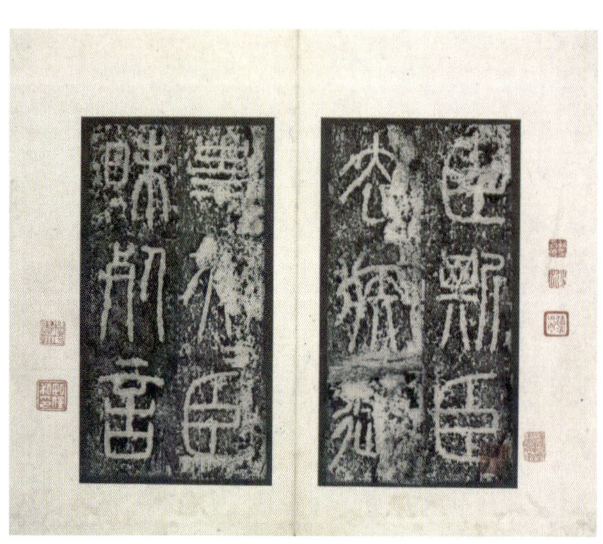

明拓《泰山刻石》“二十九字本”（部分），北京故宫博物院藏

绩。显然，作为皇帝最信得过的人，丞相李斯随他到了山顶。

秦代七刻石除《泰山刻石》和《琅琊台刻石》外，其余所见都是后世重刻的。[⑥]《泰山刻石》最初立于泰山山顶，现保存于山东泰安岱庙院内。其内容如下：

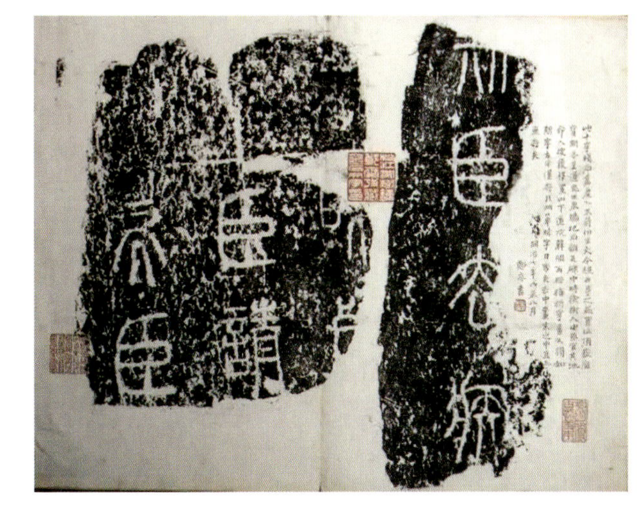

清拓《泰山刻石》“十字本”，青岛市博物馆藏

皇帝临位，作制明法，臣下修饬。二十有六年，初并天下，罔不宾服。亲巡远方黎民，登兹泰山，周览东极。从臣思迹，本原事业，祗诵功德。治道运行，诸产得宜，皆有法式。大义休明，垂于后世，顺承勿革。皇帝躬圣，既平天下，不懈于治。夙兴夜寐，建设长利，专隆教诲。训经宣达，远近毕理，咸承圣志。贵贱分明，男女礼顺，慎遵职事。昭隔内外，靡不清净，施于后嗣。化及无穷，遵奉遗诏，永承重戒。

总结起来大意主要有三点：一是忆往昔，“二十有六年，初并天下，罔不宾服”；二是看今朝；三是展望未来，“化及无穷，遵奉遗诏，永承重戒”。

但是今所见残石仅存二世诏书 10 个字，“斯臣去疾昧死臣请矣臣”，又称“泰山十字”。据《史记》，此处原文应为：

皇帝曰：“金石刻尽始皇帝所为也。今袭号而金石刻辞不称始皇帝，其于久远也如后嗣为之者，不称成功盛德。”丞相臣斯、臣去疾、御史大夫臣德昧死言：“臣请具刻诏书刻石，因明白矣。臣昧死请。”制曰：“可。”

这段文字说的是，秦始皇死后，二世胡亥承袭了皇帝称号，但是秦始皇刻碑时只称皇帝，并没有称“始皇帝”，二世就对臣下说，如此后人就不知道始皇帝的功德了啊！李斯等人就请求二世刻诏书标示“始皇帝”，把事情说清楚。于是二世效仿始皇帝，也同样地登泰山封禅刻石。二世诏书还是由李斯来写，刻在原碑石的背面。

二世昏庸无道，却不辞劳苦地跋山涉水去走这个程序，为什么？因为，他自己心里清楚是如何得的皇位，去泰山封禅刻石，表面上是为始皇帝正名，实际上相当于其统治得到了上天的许可和认证，这是政权延续取得合法性的一种象征。巡历四方、宣告功绩的刻石活动，并非秦始皇的原创，它融合了周以来长期形成并遵奉的不同礼仪形式，但从此却成为国家礼仪体系中非常重要的一环。因此，效仿秦始皇的不仅是秦二世，这个仪式甚至被后世许多朝代的帝王沿袭。凿石刻碑，从此与国家的法律和政治密切相关，成为历史书写的一种特殊形式。

在这些刻石之上，我们见到了曾经辉煌至极却昙花一现的大秦帝国的踪迹。历史的书写不仅仅有史书一种形式，在这些碑石之上，有鲜活的生命印记，有生动的历史细节，它们可以成为史书的佐证和补充，让我们仿佛穿越回了某些逝去的时代。

注释

①有关事略见于司马迁《史记》。但不知何故，《史记》并没有记录《峄山刻石》的内容，原碑已于北魏太武帝拓跋焘登山时毁掉，但碑文留存了下来。现西安碑林所存摹石，系宋人根据五代南唐徐铉的摹本重刻的，其字形笔势系唐李阳冰一脉的“玉箸篆”风格，与古风逸韵的秦篆有所不同。今存世的《峄山刻石》石碑主要有两块，除西安碑林所藏外，另有一块在邹城博物馆，据推测为元代摹刻。

②较早且较有影响的认为有关碑文系李斯所作的是南北朝时期南朝梁刘勰和北魏郦道元，分别见于二人所著《文心雕龙》和《水经注》。对此后世基本认可，也有提出反对意见者，但李斯统一文字推行小篆应无争议。

③《史记》:“斯入仓，观仓中鼠，食积粟，居大庑之下，不见人犬之忧。于是李斯乃叹曰:‘人之贤不肖譬如鼠矣，在所自处耳！’”

④《盐铁论》是西汉桓宽所著的一本政论性散文集。文中说:“李斯之相秦也，始皇任之，人臣无二，然而荀卿谓之不食，睹其罹不测之祸也。”见于《盐铁论校注》，中华书局2023年版。

⑤参见荀子《议兵篇》，见于《荀子集解》，中华书局2013年版。

⑥秦《琅琊台刻石》于光绪二十六年（1900）散失残损。后经诸城视学王培祜搜寻并拼合复原，保存于诸城县署。解放后，刻石移置于山东省博物馆，1959年运至北京，今藏于国家博物馆。

魏晋乱世中的纸上风雅

2019 年 10 月，在首都博物馆“穿越——浙江历史文物展”中，我见到了宋刻三国魏钟繇《宣示表》碑刻原石。当我们今天谈论《宣示表》时，

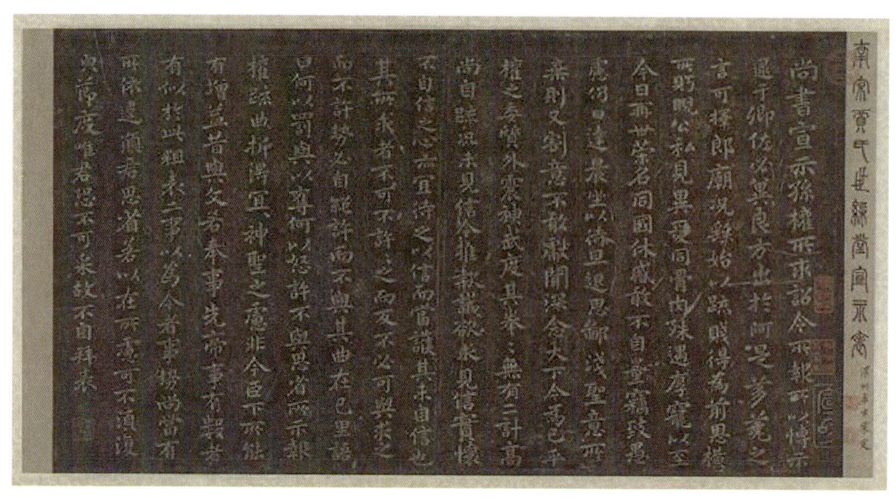

《十箓斋秘藏宋拓三种》(震钧旧藏本)之《宣示表》拓本，北京故宫博物院藏

确切地说至少涉及四种版本，即钟繇原书、王羲之临本、淳化阁拓本和贾似道刻石。由于年代久远，钟、王的版本都已经佚失了，但北宋淳化阁拓本和南宋贾似道刻石如今仍然存世，传说都是以王羲之临本为底稿的。《宣示表》淳化阁拓本存于《淳化阁帖》中，今藏于北京故宫博物院;《宣示表》贾似道刻石于 2009 年在“瀚海”秋拍中出现，首都博物馆斥资两千余万元收入馆藏。

“表”是中国古代的一种公文文体，由臣子写给君主，臣子对君主陈情言事，表达请求、建议、希望等。那么，钟繇是什么人？《宣示表》是他写给谁的？又表达了什么内容呢？

宣　示

东汉建安二十四年，也就是公元 219 年初，三国蜀取得汉中之战的胜利，刘备晋位汉中王。8 月，蜀将关羽由荆州出兵，进攻曹魏占据的襄阳、樊城。关羽水淹七军，擒于禁，斩庞德，围曹仁于樊城。这是关羽人生的巅峰时刻，《三国志》称之为“威震华夏”。随后局面迅速逆转，关羽大意失荆州，败走麦城，被吴军擒获。第二年初，关羽被杀，刘备大恸。

公元 220 年初，曹操病逝，曹丕代汉称帝。公元 221 年，刘备于益州称帝，年号为章武。

蜀汉章武元年（221），刘备以为关羽报仇之名，发兵讨伐东吴，史称夷陵之战。就在刘备即将出征之际，张飞被属下暗杀，叛将带着张飞首级投吴。面对蜀汉大军压境，孙权遣使求和，刘备拒之，孙权转而又向曹魏称臣求救。对于是否接纳孙权的降书，曹魏群臣争议很大，大理寺卿、廷尉钟繇向魏文帝曹丕上表，劝其接受孙权的归附请求，即为《宣示表》。

钟繇是汉末至三国时期曹魏重臣，举孝廉出身，历任尚书郎、黄门侍郎，协助汉献帝东归洛阳，封东武亭侯。后得丞相曹操的信任，出任司隶校尉，镇守关中，功勋卓著，被比为萧何。累迁前军师。曹操受封魏王后，钟繇任魏国大理卿、相国等职。曹魏建立后，拜廷尉。

尽管曾是颇受曹操信任的老臣，被比作西汉刘邦的丞相萧何，但是在即位不久的曹丕面前，钟繇还是表现出极度的沉稳与谨慎。他先是委婉地说明为什么要上奏此表，以及自己的身份资历能不能上奏此表，看似无意实为有心地道出受到先帝器重的事实，表面说这些意见并不重要却处处告诉新主其实我的意见很重要。然后才进入正题，分析孙权为什么来投诚，以及魏国答应与不答应的利弊，同时表明自己的态度即接受孙权的请求。最后说当年和荀彧一同跟随先帝时也遇到过类似情况，简单说两件仅供参考。但钟繇又反复强调最终决定权在皇上，而且觉得自己的建议很可能不被新帝采纳，所以不好意思当面呈送奏表，以显示自己的谦卑和对新主的恭敬。

综观这份《宣示表》，通篇既不谄媚主上如何英明，又没有恃宠而骄，在鞭辟入里的分析中让对方不得不重视、斟酌自己的意见。这种分寸尺度的拿捏和把握，是一个成熟的从政者才能做到的。而他的建议从当时形势来看，也是科学的、恰当的。曹丕当然采纳了钟繇的建议，接受孙权归附，封孙权为吴王。对于孙权来说，即便曹丕不会分兵助吴，他也至少不必担忧来自曹魏的袭击，可以安心应对刘备的攻伐。222 年 2 月，蜀汉大军到达夷陵，在长江南岸沿江四百里安营扎寨。吴军主将陆逊重演火烧赤壁的大戏，蜀军溃败，刘备退至白帝城，上演他人生最后的悲壮，拉开蜀国走向衰落的大幕。

钟繇不久迁升为太尉，位列三公之首，后来魏明帝时又晋升太傅，封定陵县侯。魏明帝太和四年（230），钟繇去世，谥号为“成”。正始四年（243）配享魏武帝曹操庙庭。

贺　捷

其实，作书《宣示表》前一年，在得知蜀将关羽兵败受伤时，作为曹魏权臣，钟繇还曾经写过一篇《贺捷表》。

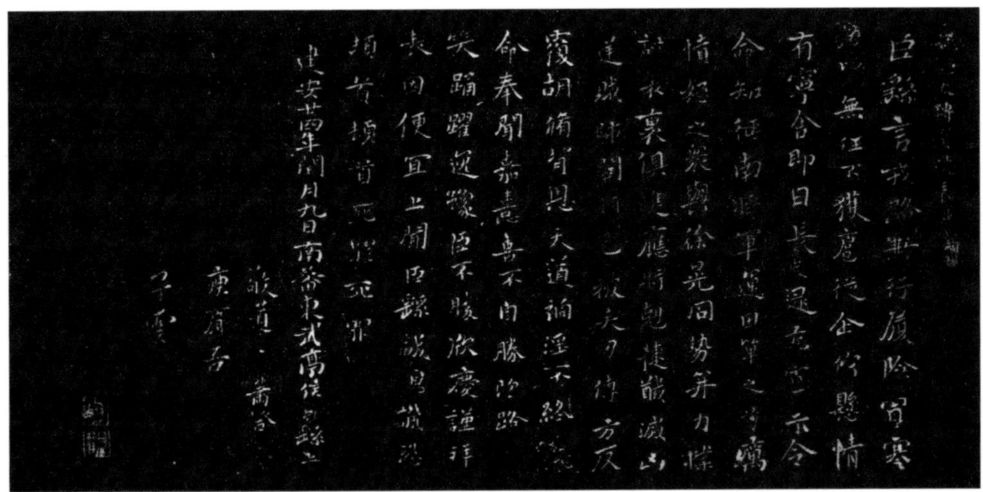

宋《淳熙秘阁续帖》之《贺捷表》拓本，国家图书馆藏

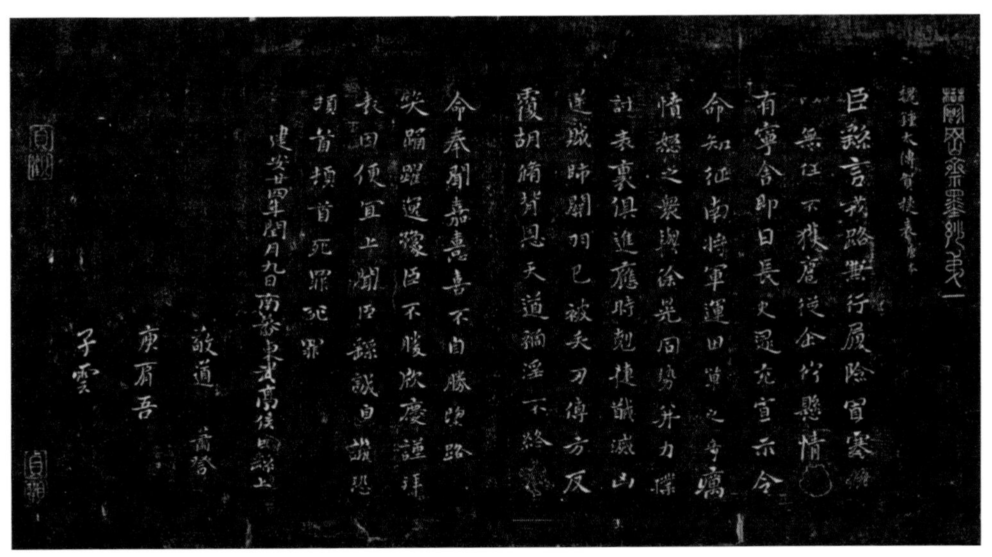

明《郁冈斋墨妙》之《贺捷表》拓本，哈佛大学图书馆藏

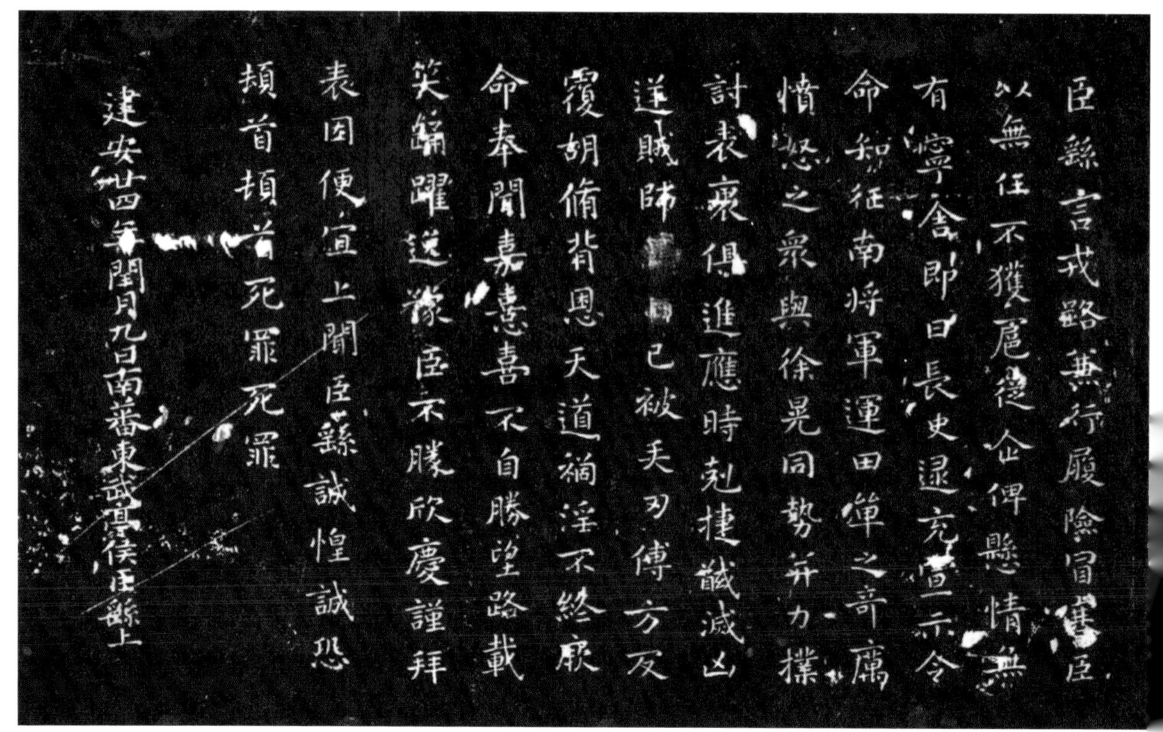
臣繇言戎路兼行履險冒寒臣
以無任不獲扈從企佇懸情無
有寧舍即日長史逯充宣示令
命知征南將軍運田單之奇厲
憤怒之衆與徐晃同勢并力撲
討表裏俱進應時克捷馘滅凶
逆賊帥[illegible][illegible]已被矢刃傅方反
覆胡脩背恩天道禍淫不終厥
命奉聞嘉憙喜不自勝望路載
笑踊躍逆豫臣不勝欣慶謹拜
表因便宜上聞臣繇誠惶誠恐
頓首頓首死罪死罪
建安廿四年閏月九日南蕃東武亭侯臣繇上

清《秀餐轩帖》之《贺捷表》拓本，北京故宫博物院藏

关羽围困曹仁驻守之樊城时，孙权觉得夺取荆州的时机到了。吴都督吕蒙设计偷袭关羽成功，大意失荆州的关羽，前有曹仁，后有吕蒙，最后败走麦城。带着十几个人在麦城突围时，关羽受伤被擒，此时是 219 年 12 月。消息传到后方，魏王曹操的相国钟繇欣喜之余写下《贺捷表》，又名《戎路表》或《戎辂表》。

虽然都是上书的奏表，但是由于内容和题材与《宣示表》有很大区别，一个是庆功，一个是议事，所以字的面貌也有很大不同。《贺捷表》的字体更加生动活泼，书者在更加放松的状态下，留下更加自然的笔迹。此表文字虽然是楷书，但还保留较浓的隶书笔意。如字形多呈扁方，许多字的笔画明显有隶书笔法。从这样的自然笔迹中我们可以清晰看见汉字从隶书到楷书的过渡状态。

与《贺捷表》相比，《宣示表》尽管是在正襟危坐、老成持重的状态下所写，但其笔法依然是以自然书写为要。也就是说，其书写过程中没有刻意的顿笔、折角等动作，更多是自然使转、顺势而为。这与我们平常所见唐及以后的主流书风截然不同，所谓颜筋柳骨，一改飘逸潇洒的魏晋遗风，创造出了或茂朴雄厚或刚健遒劲的唐楷气象，其艺术效果在笔法上多是靠提按、顿笔等动作有意营造的。钟繇二表自然沉稳的风格，既与书家自身的人生修养有关，更是汉字发展客观规律的作用。

白帝城托孤之后，蜀汉政权进入刘禅的后主时代。在钟繇去世那一年，即公元 230 年，魏将曹真伐蜀，诸葛亮成功退敌，并派魏延趁机西入羌中，成功实现了一次防守反击。第二年，诸葛亮出祁山，虽于卤城大败司马懿，但终因粮草不继而退兵。234 年，蜀军出斜谷，屯兵五丈原，在与司马懿对峙中，蜀汉精神领袖诸葛亮因病去世，三国时代走向落寞的黄昏。263 年，魏将司马昭灭蜀。266 年，司马炎代魏自立，国号为晋。280 年，西晋灭吴，三国时代正式结束，天下归一。

然而，和平与统一的局面极为短暂。316 年，西晋为匈奴人所灭。317 年，西晋皇室南渡，司马睿在建邺（今江苏南京）为晋朝续命，史称东晋。据南朝齐王僧虔《论书》记载，重臣王导南渡时将钟繇的《宣示表》从宫中带走。王导是东晋开国大臣，官至丞相，擅长书法，琅琊（今山东临沂）人。后来，王导知道侄儿王羲之酷爱书法且颇有天赋，就将《宣示表》墨迹送给了他。

唐代书画理论家张彦远说："蔡邕受于神人，而传之崔瑗及女文姬，文姬传之钟繇，钟繇传之卫夫人，卫夫人传之王羲之，王羲之传之王献之。"① 王羲之得到前辈墨宝，自然非常喜爱，反复临摹。同样的书法爱好者王羲之族亲王修得知这件事后，从王羲之那里借来把玩学习。没想到，王修不久离开人世，只活了二十四岁。王修死后，他的母亲悲痛不已，不知道怎样才能抚慰爱子的亡灵，就把一些儿子喜爱的墨迹和书写用具一同放进他的棺椁中，作为陪葬埋入地下。[②]《宣示表》便在其中，从此消失人间，存世的只剩下王羲之的摹本。

乐　毅

钟繇不只是书法家，同时还是中国书法史和汉字发展史上极为重要的一个人物。《宣示表》笔法沉着、结体稳固，给人一种娓娓道来、一丝不苟的感觉。这种节奏、形态都是楷书走向成熟的特征。

魏晋书法，尽管有“钟王”并称的说法，但世人更多知道的是王羲之以及“二王”体系。王书在前辈的基础上增加了审美意象，具有更鲜明的艺术性和观赏性，晋人飘飘欲仙的气息隐现于字里行间。与之不同的是，早于王羲之的钟繇书法中，还带着朴素和高古，更多刚柔相济、端庄典雅之美。在汉代末期，汉字楷化到如此程度已属于一种新的字体，且钟繇是历史上第一位以楷书（又称真书、正书）名世且有书迹流传的书法家，故有“正书之祖”[③]的美誉。

汉字的字体发展演进不是单线条的轨迹，而常常是各个字体交错行进的，尤其是从隶书到草、行、楷的发展。比如，隶书发展到草书，草书发展到行书，草书对汉字的许多简化又反过来被楷书吸收。我们现在使用的简化字，大部分是在历史发展中简化的，极少数是后来简化的。上文所说草书还是狭义上的草书，即章草、今草和狂草的总称，广义的草书还包括草篆、草隶，产生时间可以追溯到汉初。从《贺捷表》到《宣示表》，尽管只是短短两年时间，但是钟繇却让我们看到了汉字在魏晋时代由隶入楷的历史进程。作为早期成熟楷书的标志与代表，《宣示表》无疑是后世学书的样本。正因如此，其传承流转也成为传奇，甚至真迹早已不存，摹本、刻本亦成珍宝。

王羲之得了钟繇小楷“真传”，书法水平大进。我们今天所能欣赏与临摹领会的王羲之楷书，都是小楷，如《乐毅论》《黄庭经》和《东方朔画赞》。对于王羲之，世人多关注其雅俗共赏的行书《兰亭》，相较而言，对其小楷似乎没有那么重视。作为“书圣”，而不是“行圣”，王羲之小楷在书法史上当然亦有其独到的意义。

书法史上的小楷，并非今人常常理解的往小了写的楷书，不是学生作业本上印制的与“大楷本”相对应的“小楷本”那个“小楷”。在中国古代书法体系中，小楷是隶书书体变化过程中所形成的一种新的书体，小楷出现时，尚未有大楷之说，自然无从对应。之所以称小，是起初这种字体出现在汉简中，自然大不了。在东汉时期，隶书已经是官方通用书体，而楷书因比隶书书写便捷，首先在文人之间私下交流中流行起来。汉末魏晋之际，通过以钟繇、王羲之等为代表的文人士大夫的运用和改造，小楷得以正式确立。王羲之在学习和传承钟繇小楷风雅的基础上，改变其隶书的用笔方式，完善了楷书法度，形成了具有新的审美风格的小楷字体，其小楷《乐毅论》被称为“正书第一”[4]。

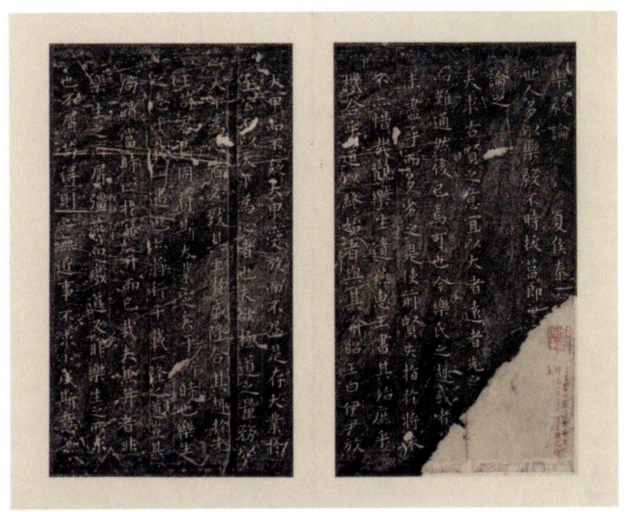

宋越州石氏摹刻《乐毅论》拓本（部分），日本东京国立博物馆藏

《乐毅论》是三国魏夏侯玄撰写的一篇文章，文中论述的是战国时期燕国名将乐毅及其征讨各国之事。

夏侯玄（209—254），字泰初（《三国志》等作“太初”），是文武皆能的思想家、文学家，担任过魏国羽林监、西征将军等要职，并与何晏等人开创了魏晋玄学的先河。他年轻时做黄门侍郎，很有傲气。驸马都尉毛曾相貌举止丑陋，没有什么真才实学，但是他凭着自己的姐姐是皇后而得宠，经常找机会接近夏侯玄，他们坐在一起人称“蒹葭倚玉树”。夏侯玄对此十分不满，表现出很嫌弃的样子，魏明帝因此降他的职。夏侯玄读书写字的时候特别专心。《世说新语·雅量》记载了一段夏侯玄写字的故事：“夏侯太初尝倚柱作书，时大雨，霹雳破所倚柱，衣服焦燃，神色不变，书亦如故。宾客左右皆跌荡不得住。”[⑤] 一个惊雷劈开身后的柱子，衣服都被烧焦了，屋子里其他人都跌跌撞撞，站立不住了，他却神色不变，照样书写，这是怎样的定力啊！

夏侯玄在《乐毅论》中表现出反对战争和暴政的倾向，劝勉统治者施行仁政，但具有讽刺意味的是，他自己后来却在政治斗争中被司马氏杀害，夷三族。临斩时，夏侯玄仍然神色不变，举动自若，时年四十六岁。知识分子阶层在那个时代是最没有安全感的，早上出门上班很可能晚上就回不来了在单位掉了脑袋。然而，无所畏惧的气魄与精神却是魏晋文人一直为后世所称道的。那是一群理想主义者，他们心中有信仰，真的不怕死，甚至把风雅、风度视为比生命还重要的东西。死可以，但姿势必须要好看。

钟繇已经是承上启下的一座高山，在极短的时间内王羲之再次推陈出新，超越了前辈，但是他系出钟卫一脉的基调与底色始终未变，那就是——端庄优雅，风度翩翩。在战乱频仍的烽火年代，他们正如雷电霹雳中的夏侯太初，哪怕世人“皆跌荡不得住”，我自“神色不变，书亦如故”。

注释

① 见于《传授笔法人名》，载〔唐〕张彦远《法书要录》，人民美术出版社 2003 年版。

②〔南朝齐〕王僧虔《论书》记载，王导“以师钟（繇）、卫（瓘），好爱无厌，丧乱狼狈，犹以钟繇尚书《宣示帖》衣带过江。后在右军处，右军借王敬仁，敬仁死，其母见修（敬仁）平生所爱，遂以入棺”。见于《历代书法论文选》，上海书画出版社 2014 年版。

③ 宋《宣和书谱》：“降及三国钟繇者，乃有《贺捷表》备尽法度，为正书之祖。”见于《宣和书谱》，王群栗点校，浙江人民美术出版社 2012 年版。

④ 米芾《书史》载其跋褚遂良摹拓本《兰亭》：“《乐毅论》正书第一，此乃行书第一也。”见于〔宋〕米芾《书史》，中州古籍出版社 2013 年版。

⑤《世说新语笺疏》，〔南朝宋〕刘义庆著，〔南朝梁〕刘孝标注，余嘉锡笺疏，中华书局 2011 年版。

醴泉清波里的刀光剑影

大唐贞观六年（632）初夏，太宗皇帝李世民到九成宫避暑。所谓九成宫，就是前朝隋之仁寿宫，原是隋文帝杨坚于开皇十三年至十五年所建避暑之所。太宗将其重新修缮后，改名为九成宫。“九成”意思是“九重”，比喻其高大。在游览宫中景观时，太宗偶然发现一眼清泉，欣喜之余，下令由魏徵撰文纪念。

在太平盛世居高思坠

魏徵当然知道，皇上的用意肯定不仅仅是记录发现一眼泉水这样的小事情。在文中他先介绍了一下九成宫的怡人环境，就算下火这里也不热，小风一吹甚是凉爽，真是愉悦身心老幼咸宜的疗养胜地啊！那这样的好地方是怎么来的呢？说是皇上一天到晚就知道工作，都要累坏了，三伏天皇宫里太热，大臣们心疼皇上请求修建避暑行宫，皇上不肯，说那太奢侈了，于是就把前朝仁寿宫稍作改造，因为它闲着也是闲着，拆了还暴殄天物，不如咱们就变废为宝将就用吧！

这处老别墅就一个缺点，没有水源，之前都是从外面山涧里引来的水，可是皇上来查看，一来就发现一眼泉水，你就说惊喜不惊喜，意外不意外，他老人家圣明不圣明？当然圣明，这可不是随便说说的，《礼纬》《鹖冠子》《瑞应图》《东观汉记》等等典籍，都有君王圣明则甘泉喷涌的相关记载呀！《左传·襄公十九年》说："夫铭，天子令德，诸侯言时计功，大夫称伐。"自古以来这三种情况是要铭刻金石昭示后人的：一是天子有德行，二是诸侯有功劳，三是大夫有征伐。所以今天这事必须好好写一写，让后人知道皇上的文治武功和克勤克俭的精神。最后还希望大家要学习发扬这样的精神，"居高思坠，持满戒盈"，上下齐心共建大唐盛世！

接下来便是《醴泉铭》正文六十四句，四字韵文，排偶铺陈，一派皇家气象：

惟皇抚运，奄壹寰宇。千载膺期，万物斯睹。功高大舜，勤深伯禹。绝后承前，登三迈五。握机蹈矩，乃圣乃神。武克祸乱，文怀远人。书契未纪，开辟不臣。冠冕并袭，琛贽咸陈。……

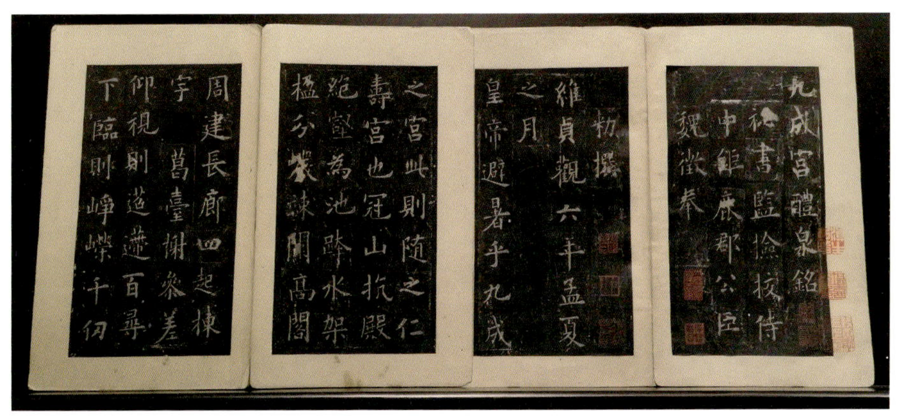

宋拓〔唐〕欧阳询《九成宫醴泉铭》拓本册，辽宁省博物馆藏

文章写好了，是为《九成宫醴泉铭》。太宗很满意，也很感动，不负朕对卿又爱又恨的一番苦心！大欧哪儿去了，赶紧给朕誊下来，刻碑！欧阳询立刻书丹，碑成，立于九成宫内，即九成宫碑。碑高 270 厘米，上宽 87 厘米，下宽 93 厘米，厚 27 厘米。碑额刻有六龙缠绕及阳文篆书“九成宫醴泉铭”六字。此碑现存于陕西麟游县碑亭景区，但遗憾的是，由于历代反复拓印、风沙侵蚀乃至人为破坏，曾经见证大唐辉煌一页的九成宫碑已经严重残损。作为历隋唐两朝的著名政治家、思想家、文学家和史学家，魏徵乃一代名相，由他来为皇帝撰写寓意深刻的“大稿子”最合适不过了。那么书写碑稿的欧阳询，又是什么来头呢？

风平浪静下的异军突起

欧阳询（557—641），字信本，潭州临湘（今湖南长沙）人。唐朝名臣、文史学家、书法家、书法理论家，南朝陈黄门侍郎欧阳纥之子。历任隋太常博士，唐银青光禄大夫、给事中、太子率更令、弘文馆学士，受封渤海县男，主持编撰《艺文类聚》一百卷，修撰史籍《魏书》《陈书》两部。欧阳询最为后人所知的成就，是“唐人楷书第一”。欧楷是中国书法典范，今天计算机输入法里面的汉字楷体即源于欧楷。他与虞世南、褚遂良、薛稷并称“初唐四大家”。其子欧阳通亦善书，两人合称“大小欧”。

由此看来，欧阳询书丹九成宫碑，可谓不二之选。《九成宫醴泉铭》充分体现了欧阳询书法的水平和特点，此碑法度森严，结构精妙，整体平稳而局部险绝。当时欧阳询已经七十五岁，但用笔无一丝松垮懈怠，尽显慎重严谨，又没有过度矫饰夸张，被后世誉为“天下第一楷书”或“天下第一正书”。欧阳询代表作除了《九成宫醴泉铭》，楷书还有《皇甫诞碑》《化度寺碑》，行书则有《仲尼梦奠帖》《行书千字文》等；另有书法论著《八诀》《传授诀》《用笔论》《三十六法》等。

《九成宫醴泉铭》(李祺本)整拓复原，北京故宫博物院藏说起楷书，人们的印象总是横平竖直，端端正正，实则不然。最初的楷书很多笔法、结构来自隶书、草书，书法史上的楷书是端庄的，更是生动的、充满表情和张力的。甚至，于平正中见险绝，才是欧体的最大特征。唐张怀瓘《书断》中说：

（询）八体尽能，笔力险劲，篆体尤精。……飞白冠绝，峻于古人，有龙蛇战斗之象，云雾轻浓之势，风旋电激，掀举若神。真行之书虽于大令，亦别成一体，森森焉若武库矛戟，风神严于智永，润色寡于虞世南。其草

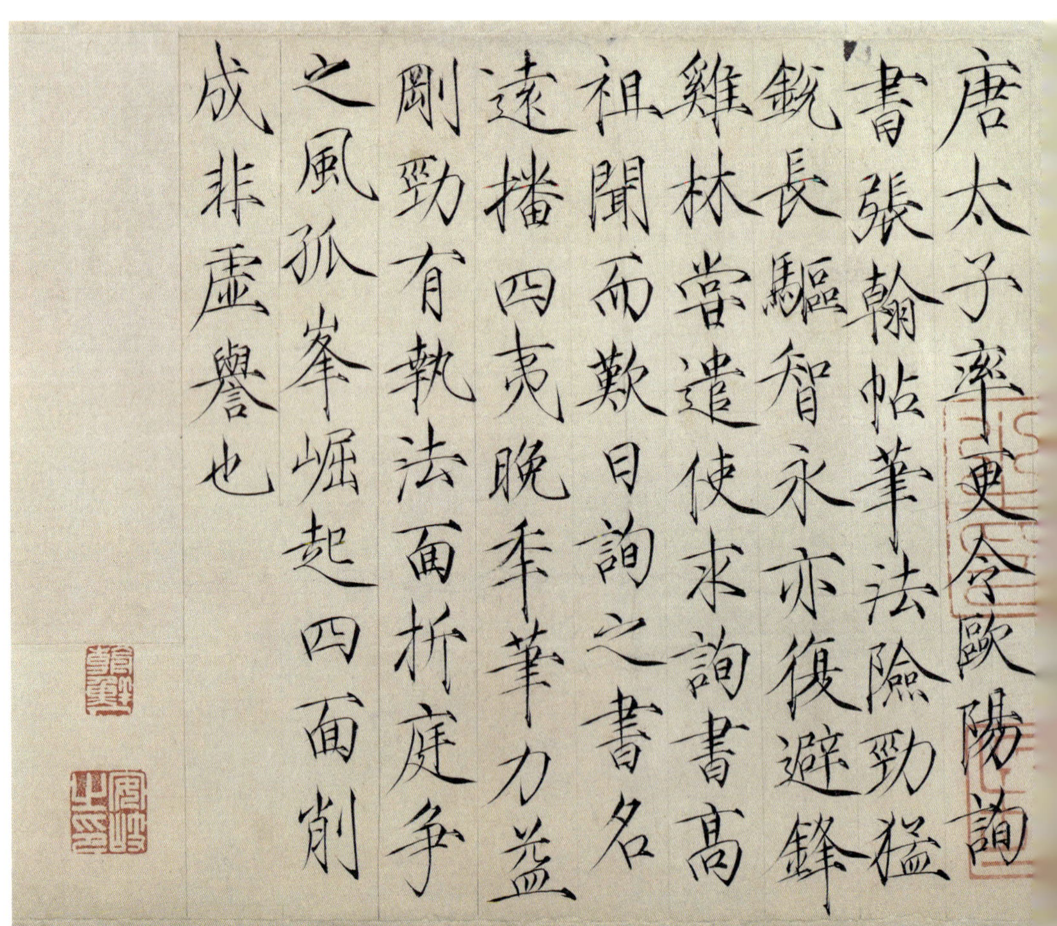

欧阳询行书《张翰帖》及〔宋〕赵佶题跋，北京故宫博物院藏

书迭荡流通，视之二王，可为动色，然惊奇跳骏，不避危险，伤于清雅之致。[①]

欧阳询的字，乍一看大局是稳定的，结构是平衡的，但仔细看去，风平浪静的表象之下，是各方力量对峙与博弈之下形成的相互牵制与势均力敌，所以才会有“龙蛇战斗”“风旋电激”“森森焉若武库矛戟”的惊心动魄。宋徽宗赵佶在看过欧阳询的字后说他“笔法险劲，猛锐长驱”，同时提到欧阳询“晚年笔力益刚劲，有执法面折庭争之风，孤峰崛起，四面削

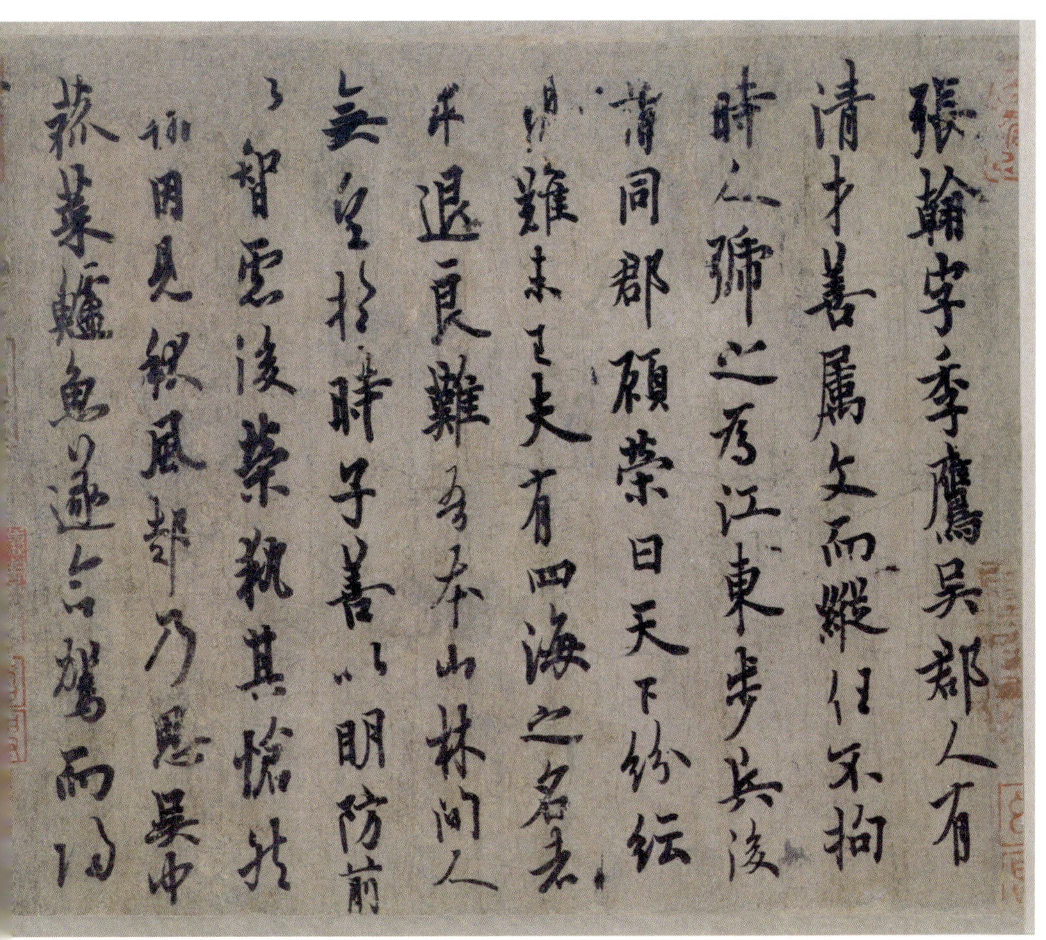

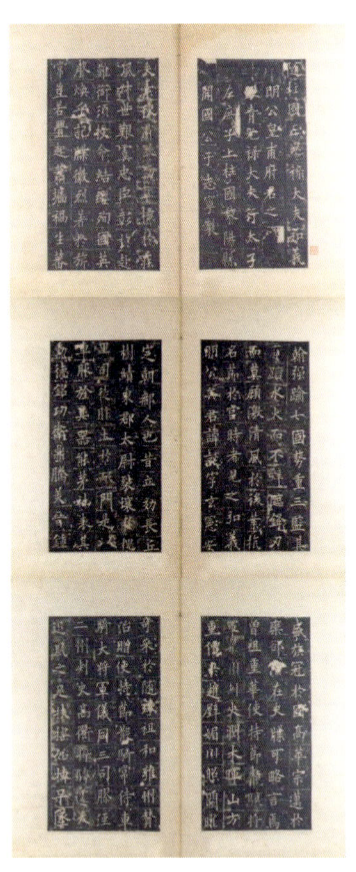

宋拓〔唐〕欧阳询《皇甫诞碑》册，北京故宫博物院藏

成”。②那么一个非常重要的问题就来了，“二王”的传统是冲和自然、潇洒飘逸的，欧阳询何以异军突起，陡然出现“森森焉若武库矛戟”的气象？这背后太有故事可讲了。

往事不堪回首

公元280年，西晋灭掉三国最后一个政权吴之后，实现了短暂的统一。316年，西晋被匈奴所灭，中国进入东晋十六国的南北对峙时期。东晋之后，南方相继出现的宋、齐、梁、陈被称为南朝，北方北魏、东魏、西魏、北齐和北周则被称为北朝。在北方，581年，北周大司马杨坚接受北周静帝禅让，即位建隋，改元开皇；在南方，557年，梁朝灭，陈朝兴，我们的故事从这里讲起……

在梁后期，陈霸先任相国，进爵陈王，是梁的实际掌权人。太平二年（557）二月，曲江侯萧勃在广州举兵造反，北伐陈霸先，过五岭至南康（今属江西），以郢州刺史欧阳頠及其部将傅泰、萧孜为前军。陈霸先迅速迎战，出师大捷，将前军都督欧阳頠俘虏，但对其给予礼遇。这时萧勃死了，岭南群龙无首一片骚乱。陈霸先任命欧阳頠为衡州刺史，派其征讨岭南。欧阳頠还在发兵路上，他的儿子欧阳纥就已经攻克了广州北的始兴县，所以等他到岭南时，各个郡县都缴械投降了，于是广州平定，欧阳頠控制了百越全境。同年十月，陈霸先受禅称帝，建立陈朝，是年欧阳纥诞子欧阳询于衡州。

欧阳頠于559年升任散骑常侍、都督衡州诸军事、开府仪同三司。同年，陈霸先驾崩，陈文帝陈蒨继位后，欧阳頠再升为征南将军，封阳山郡公。

563年，欧阳頠去世，追赠侍中、车骑大将军、司空、广州刺史，谥号为“穆”，官爵由儿子欧阳纥继承。十几年间，欧阳纥在广州实力很强，影响很大，引起陈第四位皇帝宣帝陈顼的猜忌。569年，宣帝召欧阳纥入京，欧阳纥洞悉皇帝的不满，担心自己被处置，于是决定破釜沉舟，接受部下建议，据广州而起兵。第二年春，欧阳纥兵败被擒，不久被斩于京师建康（今江苏南京），欧阳家被满门抄斩，只有十三岁的欧阳询在血光中逃匿。两个月后，皇太后驾崩，大赦天下，欧阳询因而免死，并被父亲生前好友江总收养。欧阳询此后跟随养父二十余年，长居建康。

江总，字总持，陈朝著名大臣、文学家，能诗擅赋，任明威将军、始兴内史，宦居岭南多年，与欧阳纥为至交。陈后主时，江总已官至宰相。尽管有这样一位身份显赫的养父，但少年时家族血案给欧阳询留下的心理阴影必然伴随他一生；况且，在那个政权频繁更迭的乱世，别说宰相，皇帝也可能过了今天没明天。所以，寄人篱下的欧阳询自卑、缺乏安全感是必然的。雪上加霜的是，欧阳询天生相貌丑陋，他从小到大被人嘲笑，即便后来在大唐身居高位，依然被君主和臣僚们拿他长相开玩笑，当作下酒助兴的小段子讲。

隋开皇八年（588），杨坚命杨广、杨俊、杨素统帅五十余万大军，兵分三路南下伐陈。第二年正月，南朝末代皇帝陈叔宝被捉，陈朝灭亡，南北统一。陈灭后，欧阳询出仕隋朝。隋炀帝大业元年（605），欧阳询任太常博士。大业十四年（618），北周上柱国宇文盛之孙，右卫大将军宇文述长子，隋末割据军阀首领宇文化及弑杀隋炀帝，次年自称天子，欧阳询作为隋之朝臣亦被他劫掳。不久，隋末农民起义军领袖夏王窦建德破聊城，擒杀宇文化及，欧阳询亦被俘，乃任职于窦建德的大夏政权，授太常卿。唐武德五年（622），秦王李世民大破窦建德，欧阳询归唐。因学识渊博，且在隋朝时与当时同为大臣的唐高祖李渊交情甚厚，故欧阳询被授予侍中一职，时年已六十五岁。[③]

手握矛戟，心中才有安全感

自卑、没有安全感反过来还能刺激一个人的求生欲，甚至使其怀有建功立业以证明自己、保护自己的雄心。欧阳询读书习字特别刻苦，有一次外出，他在道旁见到一块西晋书法家索靖所写的章草石碑，便伫立在碑前，反复地观看，甚至坐卧于碑旁摸索比画，直到发现了其中的精深绝妙之处，三天三夜已经过去了。欧阳询领悟到索靖书法的奥秘，因而书法更臻完美。[④]

索靖又是谁呢？索靖（239—303），字幼安，敦煌郡龙勒县（今甘肃敦煌）人。西晋将领、著名书法家，“敦煌五龙”[⑤]之一。索靖出身世宦家族，历任尚书郎、雁门太守、酒泉太守，官至征西司马。西晋惠帝时，索靖封关内侯，拜荡寇将军，平定西羌叛乱。在史上著名的“八王之乱”期间，索靖屡立战功。司马懿第九子赵王司马伦篡位，索靖以左卫将军身份参与讨伐其同党孙秀有功，累官至后将军。河间王司马颙进攻洛阳时，索靖率关陇义兵参加国都保卫战，不幸在战斗中受伤而死，卒年六十五岁。死后被追授司空、安乐亭侯，谥号“庄”。

张怀瓘在其《书断》中评论索靖书法说：“幼安善章草，书出于韦诞，峻险过之，有若山形中裂，水势悬流，云岭孤松，冰河危石，其坚劲则古今不逮。”索靖的书法风格与其带兵打仗的军事将领身份很匹配——银钩虿尾、险峻坚劲。据传章草最早即见于汉代的军事文牍之中，由于军情紧急，来不及一波三折、工工整整地写隶书，于是自然产生了这种简化连笔的草书。索靖还在其所撰《草书状》一文中说，草书就是要“去繁存微”[⑥]，从文字的实用性和书法的艺术性两个方面阐释了草书的意义。

此前欧阳询的活动范围是在岭南、江南、中原，这些地域是“二王”传统的影响范围，潇洒飘逸是主流审美取向，正是唐太宗给了王羲之“书圣”之名，而王羲之至少在隋朝就已经成为了习书者追随的偶像，隋刻“开皇兰亭”及其广泛传播的拓本就是证明。而西北武将索靖的书法让欧阳询眼前一亮。远看平静如常，细品险峻坚劲，索靖的书风使欧阳询产生了强烈的心灵共振，而欧阳询观索靖书法而顿悟，显然他的字里面从此有了索靖的影子。欧体风格表面端庄肃穆，实则绵里藏针，不仅藏针，而且藏着“武库矛戟”。这是欧阳询人生经历和性格心理的真实写照，他需要“矛戟”，索靖给了他“矛戟”。

个体人生与宏大历史的不谋而合

我们跳出欧阳询的个体人生，从历史—艺术史—书法史的角度看，在南北朝至隋唐时期，北风南渐也是不可避免的趋势。所谓北风，我这里指的是北碑之风，是北朝刻石的艺术风格。北方大漠孤烟，飞沙走石，开山辟路、斧凿刀劈是常态，北人生活粗粝，尚碑刻，所以有世所共知的魏碑。从东晋十六国开始，政治的大分裂客观上使得华夏大地经历了一次规模空前的民族大融合，文化上南北互相渗透影响，最终促成了包容性极强的大唐气象。北碑的沉雄刚健、刀锋笔意被吸收进南帖体系，成为上承汉隶、下启唐楷的重要一环。欧阳询的书风就是在这样的大背景下形成的，无论他个人还是那个时代，都汲取了北方粗粝雄悍的文化和精神。

最后我们再顺着历史的足迹，回到九成宫这个特定的时空场域。北朝最后一个政权是北周，丞相叫杨坚。北周大定元年二月（581）的一天，杨坚由隋国公晋封隋王。十来天后，北周静帝宇文阐下诏宣布禅位给杨坚。杨坚推辞再三继而受天命即皇帝位，定国号为“隋”，改元开皇，降封静帝为介国公。五月，年仅九岁的静帝静悄悄死去了。开皇十三年（593）正月，隋文帝杨坚巡幸岐州，那里的风光让他心旷神怡，流连忘返。住了一段时间后，杨坚决定在这里建造一座行宫，作为自己的度假胜地。尚书右仆射杨素奏前莱州刺史宇文恺任检校将作大匠，负责行宫工程的筹划和设计。宇文恺是当时著名的城市规划和建筑工程专家，有《东都图记》20卷等著述传世。为了博取杨坚的欢心，杨素和宇文恺将宫殿设计得极为华丽。近两年后，宫殿建成，名“仁寿”，取“尧舜行德，而民长寿”之意。

开皇十五年（595）正月，隋文帝杨坚率领百官到泰山，举行封禅大典。三月，杨坚从泰山归来，又在京城举行了一系列的庆典仪式。此时，刚好仁寿宫即将竣工，杨坚派尚书左仆射高颎前往视察工程。高颎回来报告认为宫殿过于华丽，杨坚心里有点犯嘀咕。又过了一些日子，杨坚决定亲自到仁寿宫看看。就像当年秦始皇修长城，累死不计其数的民工，仁寿宫也督调数万人投入营建工程，很多人因苦役累死在路边。杨素听说皇帝要来，赶紧让部下焚尸灭迹。据《旧唐书》载，杨坚听闻此事大怒曰：“杨素为不诚矣！殚百姓之力，雕饰离宫，为吾结怨于天下。”然而，第二天独孤皇后便召见杨素说：“公知吾夫妻年老，无以娱心，盛饰此宫，岂非孝顺。”杨素不仅没有受罚，而且还得到了封赏。

这起仁寿宫事件，成为杨坚由智到昏的转折点，也埋下了隋朝短命的伏笔。住进仁寿宫之后，杨坚便渐渐失去了进取之心，开始了安逸的生活。

五年之后，即开皇二十年（600），在杨广的谋划蒙骗下，杨坚废掉好学多才的太子杨勇，册立杨广为太子。据《隋书》载，仁寿四年（604），杨坚病重，宣华夫人和杨广一同侍疾，杨广非礼宣华夫人，杨坚大怒，欲重立杨勇为太子，无奈杨素汇报给了杨广，杨广立即控制了仁寿宫。[7]杨坚很快死了，杨广即位，是为隋炀帝。不久，杨勇等众兄弟就都惨遭屠戮，杨广以为这样才能坐稳龙椅。事实上，没过多久他的江山就被唐国公、太原留守李渊拿走了。后来，“仁寿宫之变”这样兄弟相残的桥段，在唐初重演，史称“玄武门之变”。在这场变故中李世民胜出，成为唐朝第二位皇帝，也就是后来的唐太宗，他把仁寿宫改为九成宫。

此时，从玄武门走来的胜利者恐怕依然惊魂未定，君臣度假避暑吟咏的盛况，人们见到的只是一派喜气祥和，而欧阳询写这些字的时候，纸背透着的大概真就是刀光剑影里的生死搏杀……

注释

①〔唐〕张怀瓘《书断》，石连坤评注，浙江人民美术出版社 2012 年版。

② 见于北京故宫博物院藏欧阳询行书《张翰帖》之宋徽宗赵佶题跋。

③ 有关欧阳询及其家族事迹见于《陈书》《新唐书》等史籍。

④ 欧阳询观古碑事迹见于马宗霍辑《书林记事》，收入〔清〕马宗霍《书林藻鉴　书林纪事》，文物出版社 1984 年版。

⑤ 晋代敦煌人索靖、氾衷、张甝、索紾、索永五人因皆有逸群之才，而合称“敦煌五龙”。

⑥〔唐〕张怀瓘《草书状》，见于《历代书法论文选》，上海书画出版社 2014 年版。

⑦ 在《隋书》里有两处相关记载，分别在《后妃传》和《杨素传》中。

癫狂与静默的变奏曲

唐代书法家张旭的作品，我最熟悉的莫过于其草书《古诗四帖》。从2014年浙江省博物馆与辽宁省博物馆共同举办的“守望千年——唐宋元书画珍品特展”，到2018年辽宁省博物馆中国古代书法展（第一期），再到2019年辽宁省博物馆“又见大唐”书画文物展，五年间我亲见该作品三次列展。从2012年至今，近十年间该作品共计展出过五次之多。由于此卷属辽博藏品，所以这五次展出有三次在辽博，因生活在沈阳的近水楼台之故，每次展出我都不止一遍去观摩。

这件墨迹想来也是张旭最著名的作品了，然而本文重点想说的却是张旭作为“草圣”的另一件非著名的，但却与《古诗四帖》有着密切关联的楷书作品——《郎官石记序》。

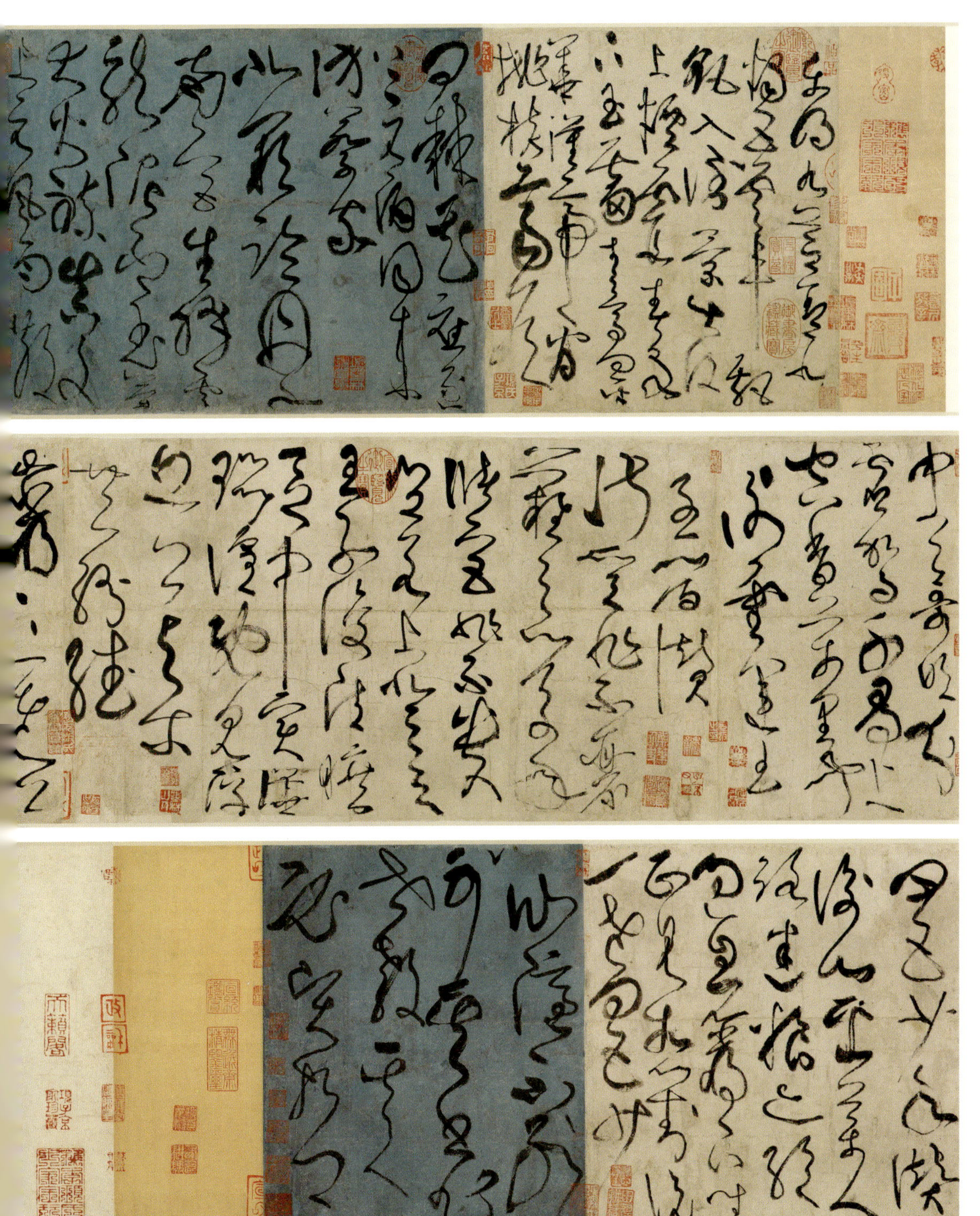

〔唐〕张旭草书《古诗四帖》卷，辽宁省博物馆藏

“草圣”的楷书与晋宋笔法传承

众所周知，张旭擅草。无论是典型唐草《肚痛帖》《断千字文》，还是奇幻神妙的《古诗四帖》，从前提起张长史总是想到其笔下走龙蛇、纸上生烟云的豪迈奔放，想到其“脱帽露顶王公前”的狂诞不羁。尽管知道张旭也写楷书，但是，2020 年 1 月，当我在上海博物馆亲见其楷书《郎官石记序》时，还是着实一惊。

《郎官石记序》又叫《郎官石柱记》，上海博物馆所藏其拓本为宋拓孤本，在书法史上这件作品曾被多次点评。《宣和书谱》说：“其名本以颠草，而至于小楷行书又复不减草字之妙，其草字虽奇怪百出，而求其源流，无一点画无不该规矩者。”苏轼称其“作字简远，如晋宋间人”[1]。黄庭坚也曾高度评价张旭楷书，认为“唐人正书无能出其右者”[2]。《郎官石记序》取法欧阳询、虞世南，展示出非常明显的由晋入唐的谱系传承，端庄、精妙，法度森严、雍容闲雅，而且没有受到同时代的盛唐流行风气的影响。在展厅里，我忍不住和友人分享这样的视觉冲击，不禁感叹：在打牢基础的前提下坚持自我多么重要！

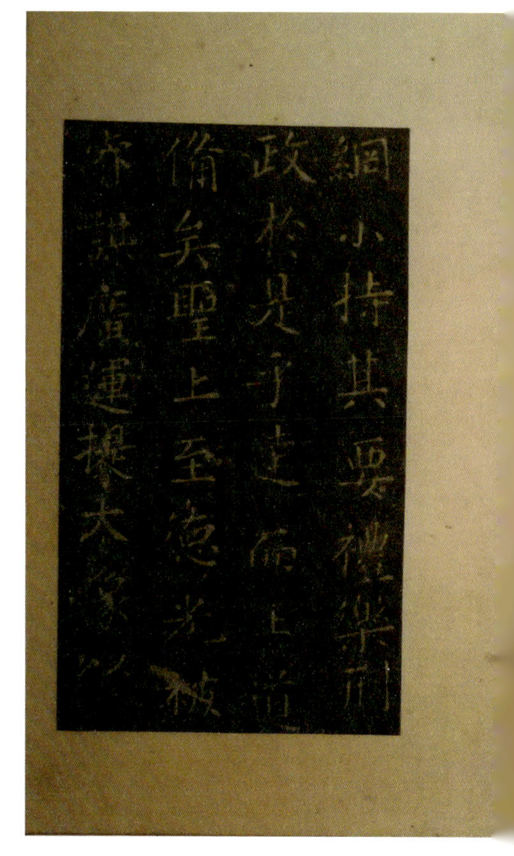

张旭传世楷书相关作品迄今发现两件，除了《郎官石记序》拓本，还有一件是《严仁墓志》出土原碑，也是精劲自然，清妙简远。张旭这两种楷书作品风格一致，一派“二王”以降的晋宋风流。根据相关文献史料可知，智永和尚得“二王”笔法，传虞世南，虞世南再传陆柬之、上官仪，陆柬之传其子陆彦远，而陆彦远传堂甥张旭。这一路的传承，与后来勃兴起来直到今日人们仍旧颇为熟悉的典型唐楷似乎不是一个路数。盛唐典型楷书是什么？是“颜筋柳骨”。如果把张旭“郎官石”与王羲之“乐毅论”、颜真卿“家庙碑”放在一起，我们很容易发现张楷更接近王，而和颜的风格迥异。

从“二王”到张旭，从这一路走下来的人楷书与行草切换自如，在技术上可以把这几种字体自然融合，我们看虞世南写《兰亭》，看陆柬之书《文赋》即可佐证这一点。然而，学颜柳之后的诸家，似乎并不是这样。

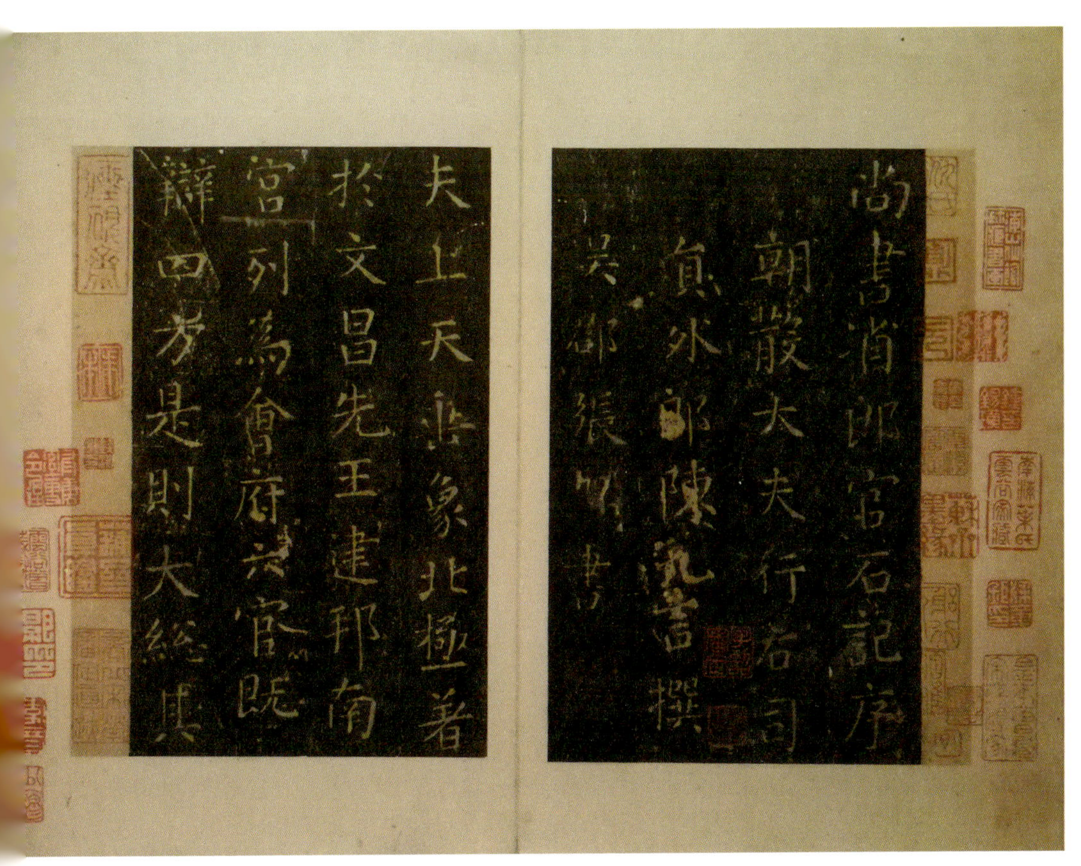

宋拓〔唐〕张旭楷书《郎官石记序》碑册，上海博物馆藏

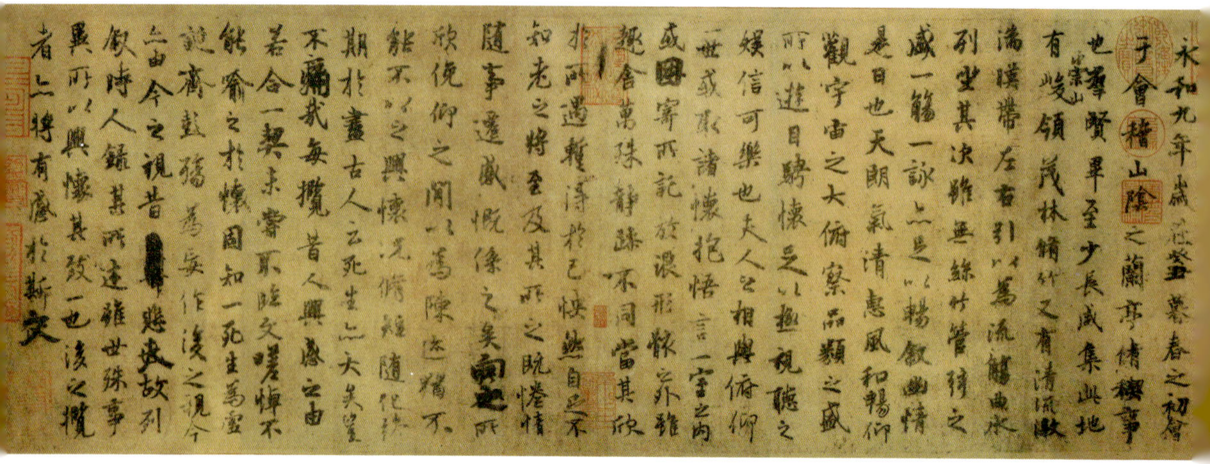

〔唐〕虞世南摹王羲之《兰亭序》卷，北京故宫博物院藏

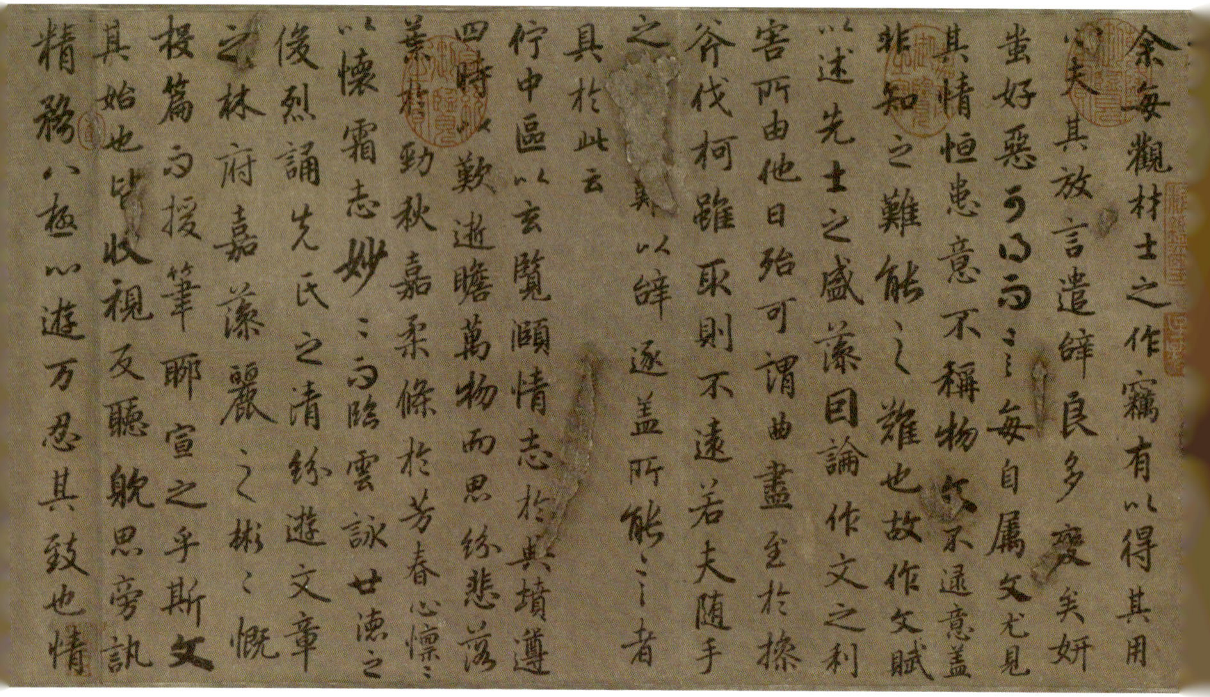

〔唐〕陆柬之书陆机《文赋》卷（局部），台北故宫博物院藏

比如，清代书法家钱沣以学颜著名，但其字结体刻板，用笔单调，颇失意趣。同朝代的书法家、书论家王澍曾指出，学颜体不难于整齐、沉劲，难于自然、骀宕。

人们常说写行草要先打好楷书基础，这句话有待商榷。因为，楷书和楷书不一样，学“二王”一脉的楷书，对于写行草确有帮助，它们之间很多笔法是一致的，本质上都是一种自然书写的状态，不刻意造势、做效果；学颜柳一脉的楷书，似乎学得越精深今后再写行草就越难以转换，那种顿挫提按、停笔折转是行草所要克服的。当代人写字也是如此——入手练了颜体再写《兰亭》一类，会难上加难，因为你先要把颜氏笔法忘掉，才能“行”起来。反过来，如果先学了“二王”、晋宋传统，再学颜柳，在技术上问题不大。

一位杰出张门弟子的变革与创新

张旭其实也是一位重视创新的人。在他之前的草书大家是东汉的张芝，但在张芝的时代，书法还没有完全成为审美的艺术对象，草书在那时出现更多是源于人们对汉字书写简易快捷的追求。章草还带着隶书的影子，直至其发展为成熟的草书字体——今草。到了王羲之时代，今草已经成型。我们现在看《远宦帖》，清晰可见其笔下介于章草、今草之间的过渡风格。如果说张芝的“草”更凸显在客观书写技法上，那么张旭的“草”则更加重视书写者的主观抒情。张芝的主要成就在章草（今人所见其名下的狂草《冠军帖》实为晋宋以后的托名之作，更有观点认为该作就是出自张旭），张旭的草书则是大草、狂草，是比今草更加大胆的书写，是一种飞跃和创造。

韩愈曾在他的《送高闲上人序》里赞叹说：“往时张旭善草书，不治他技，喜怒、窘穷、忧悲、愉佚、怨恨、思慕、酣醉、无聊、不平，有动于

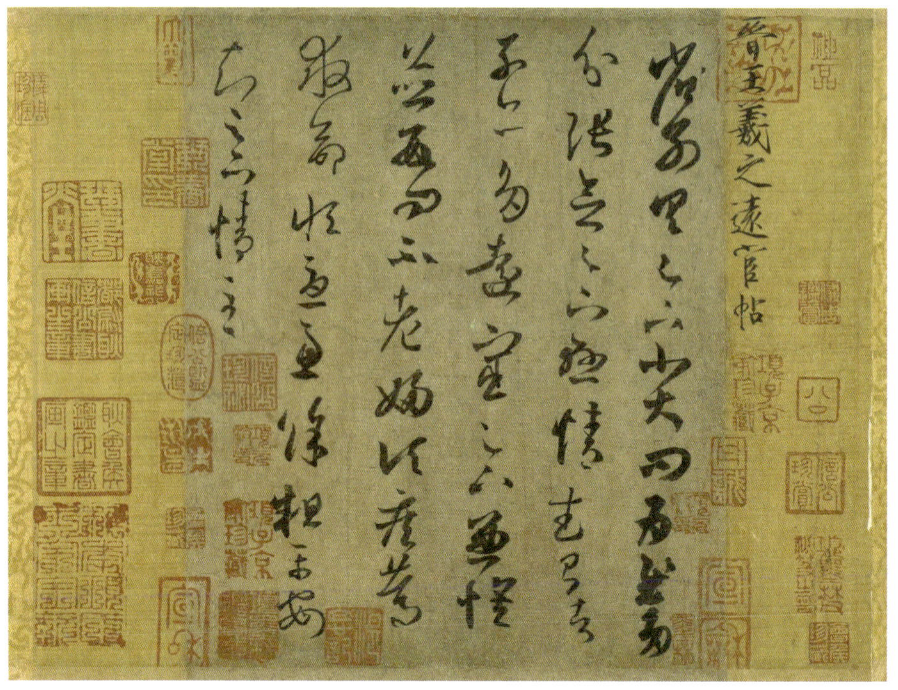

〔晋〕王羲之草书《远宦帖》（唐摹本），台北故宫博物院藏

心，必于草书焉发之。观于物，见山水崖谷，鸟兽鱼虫，草木之花实，日月列星，风雨水火，雷霆霹雳，歌舞战斗，天地事物之变，可喜可愕，一寓于书。故旭之书，变动犹鬼神，不可端倪，以此终其身而名后世。”从内心世界到宇宙万物，张旭的草书简直无所不包。

就楷书而言，张旭上承初唐楷法，下启盛唐书风，在书法史上亦是一位极其关键的人物。盛唐书坛曾经出现了一次重大的革新运动，得此风气之先的就是张旭，唐贞元年间书论家韩方明在《授笔要说》中指出，唐代楷书到了张旭这里，传统笔法得到了进一步补充、完善和丰富。变革从张旭开始，而把这一革新推向高潮的就是张旭的一位学生——颜真卿。没错，就是后来楷书风格与张旭迥异的颜体创立者颜真卿。

张旭得法之后，又传韩滉、徐浩、李阳冰、吴道子、邬彤、颜真卿等，而后徐浩传皇甫阅，皇甫阅再传柳宗元、刘禹锡……颜真卿自幼受到书法世家母族殷氏的启蒙，其外祖父殷仲容是初唐著名经学家、训诂学家、历史学家，成年后参习褚遂良、求教张旭。颜真卿前期书法如最著名的《多宝塔碑》尽管已经初具颜氏特色，但依然可见从“二王”到乃师的笔法传承痕迹；而其行书如《争座位帖》《祭侄文稿》者之所以骀宕飘逸、任性自然，则直接得益于早年师从张旭的学习经历。也就是说，后人直接学颜，基本就“骀宕”不起来了，颜真卿自己可以“骀宕”则是因为他是张旭的学生。那么，颜体为什么和“二王”笔意相去甚远呢？艺术的奇妙就在这里，颜真卿的伟大也正是在这里，他接过乃师手中变革的旗帜，成为晋唐书风最彻底的变法革新者。

张旭弟子非常多，可谓桃李遍天下。颜真卿是张旭的一位非常优秀的学生，他对老师敬佩有加，曾撰写《述张长史笔法十二意》总结老师的造诣。怀素是邬彤的学生，相当于张旭的再传弟子，他写《自叙帖》[③]，请师叔颜真卿为他的歌集作序。在那篇序言中，颜真卿说了这么一句话：“忽

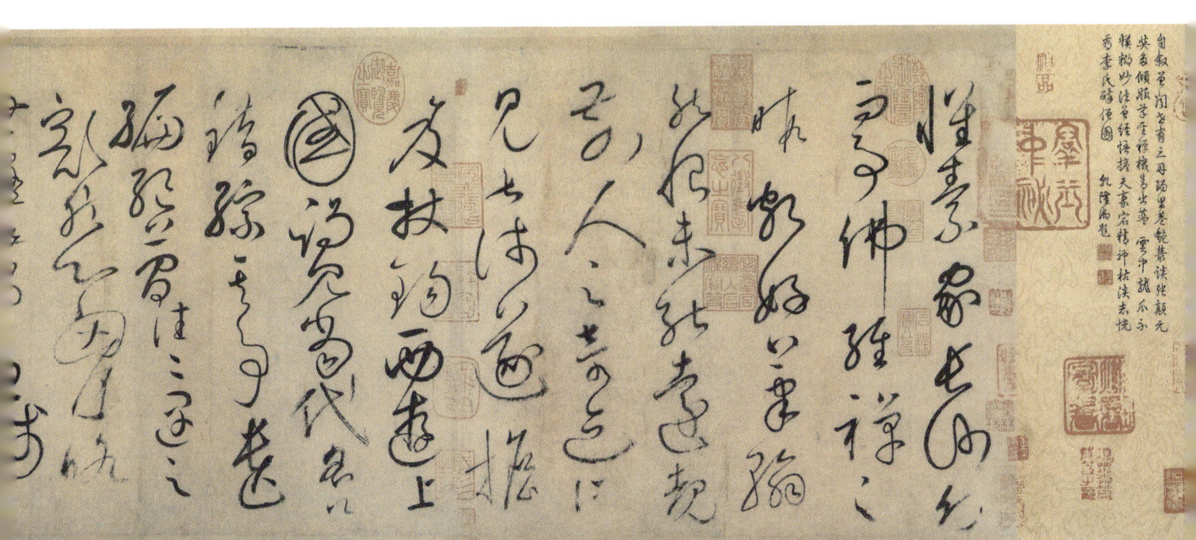

〔唐〕怀素草书《自叙帖》卷（局部），台北故宫博物院藏

见师作，纵横不群，迅疾骇人，若还旧观。向使师得亲承善诱，函揖规模，则入室之宾，舍子奚适。”意思说怀素写得已然非常不同凡响，但要是能得到先师的亲自指点，那就不知道要牛到哪里去了！实际上，颜真卿的早期风格，并不是像现在多数人所熟悉的《颜勤礼碑》《颜氏家庙碑》和《大唐中兴颂》那样浑厚廓大、庄严肃穆，而是如《郭虚己墓志》《王琳墓志》《罗婉顺墓志》般秀美、温润、清爽，这样的字完全可以和初唐欧虞等人的作品进行对话、沟通，是典型的张门风致。

然而，在颜真卿所生活的盛唐时代，这样秀美的字难以生动地传达出那种开元盛世、万邦来朝的气象，特别是唐明皇喜欢立碑作记、歌功颂德，刻碑的字体必须加进环境美学、三维空间艺术的考量，于是点画丰满、笔力雄强、方正茂密、气势雄浑的颜体诞生了。这是颜真卿在晋宋传统基础上，融合北朝碑刻，进行的艺术变革与创新。

〔唐〕颜真卿楷书《罗婉顺墓志》（局部），陕西省考古研究院 2020 年发布

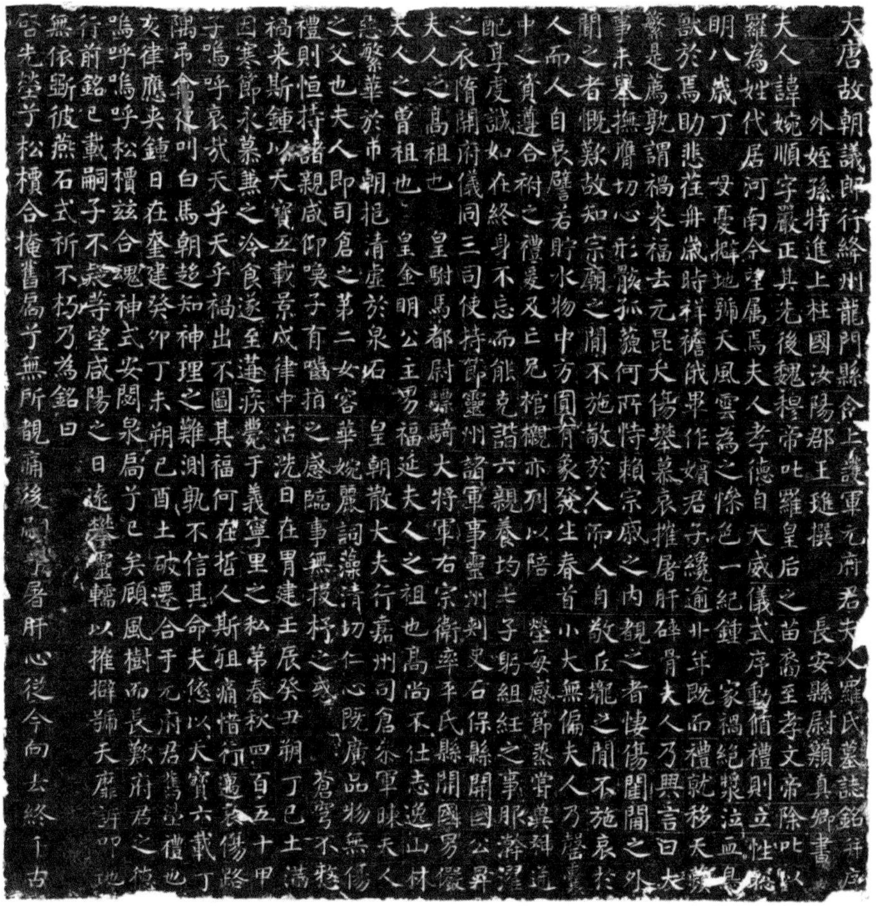

颜真卿《罗婉顺墓志》拓片

醉酒大仙原是一枚安静的美男子

很多喜剧演员在生活中不苟言笑，比如卓别林，比如憨豆先生，比如周星驰。张旭与怀素并称“颠张醉素”，与贺知章等人并称“饮中八仙”，其草书则与李白的诗歌、裴旻的剑舞并称“三绝”。杜甫说：“张旭三杯草圣传，脱帽露顶王公前，挥毫落纸如云烟。”这样的形象在世人的脑海里留下了太深的印记，所以当我们想象张旭安静地坐在书桌前恭谨地写着楷书，这个画风简直太违和了！

事实就是这样，你以为很疯很神经的癫子，更多时候是一枚安静的美男子。《新唐书》说：“旭，苏州吴人。嗜酒，每大醉，呼叫狂走，乃下笔，或以头濡墨而书，既醒自视，以为神，不可复得也，世呼‘张颠’。”这只是张旭生活的一个瞬间，但却几乎成了后人对他的刻板印象。世人只看到他创作时的激情与疯狂，没想过他学书时的投入与安静。《新唐书》载：“旭自言，始见公主担夫争道，又闻鼓吹，而得笔法意，观倡公孙舞《剑器》，得其神。”可谓时时刻刻都在参悟艺术之道，所以才满眼都是书之法。张旭的狂草也是狂放而不失规矩，疏密有度，纵横有象。这种规矩，来自他对楷书的长期训练。正是有了《郎官石记序》这样对晋宋传统严谨扎实的承继与锤炼，才可能释放出《古诗四帖》那样的纵横捭阖与骀宕自如。

《古诗四帖》和他的典型今草作品《肚痛帖》《断千字文》还不太一样，《古诗四帖》作为狂草作品，潇洒飘逸，变幻莫测，通篇弥散着一种玄妙的气息，尽管“狂”，尽管“草”，却绝无躁乱与喧嚣，像交响乐一样激昂澎湃之后给人的是一种静谧安详之感。正如“诗仙”李白的那些神来之笔，张旭的狂草也达到了人书俱老、天人合一的境界。

实际上，这些特质和张旭的为人、学问都密不可分。他学识渊博，才华横溢，他的诗文成就基本被书法名气掩盖了。如他的七绝《桃花溪》：“隐隐飞桥隔野烟，石矶西畔问渔船。桃花尽日随流水，洞在清溪何处边。”这 28 个字，不仅化用了陶渊明笔下的那个传奇故事，而且营造出时空叠映的艺术效果——渔人的桃花源是第一重时空，陶渊明的桃花源是第二重时空，张旭的桃花源是第三重时空，这三重时空在诗人的一“问”中呈现出镜头叠映式的蒙太奇效果，奇幻而浪漫。

张旭性情豁达、卓尔不群，且行侠仗义、乐善好施。他曾担任常熟县尉、金吾长史等，这都是军警系统的职务，基本相当于武官。传说他有个老乡，遭遇困境，经济拮据，就抱着试试看的态度写信给张旭，希望得到他的资助。张旭非常同情乡人，便回信说道："您只要说这信是张旭写的，要价可上百金。"乡人便照着他的话拿着信上街售卖，果然不到半日就"变现"了。[④] 他的著名粉丝、有着游侠经历的李白在其乐府长诗《猛虎行》中写道："楚人每道张旭奇，心藏风云世莫知。三吴邦伯多顾盼，四海雄侠皆相推。"用现在的话说，这几乎就是在向偶像表白了，而李白可是号称"谪仙人"的，能让"仙"如此敬佩之人该是怎样的一代风流呢！

论中国书法，从秦汉到魏晋再到唐、宋、元、明诸家，几乎没有人不被后人批评过，如"初唐四大家"，皆受到过不同程度的批评，再往前即便是历代书家师宗的"二王"也不例外。然而，对于张旭，却几乎是众口一词赞叹不已，鲜有非议，这在中国古代书法史上是极为罕见的，足以说明张旭趋近完美的艺术造诣和他身上令人服膺的人格魅力，着实不愧对一个"圣"字。

注释

①引自苏轼《书唐氏六家书后》，见于〔宋〕苏轼《东坡题跋》，浙江人民美术出版社 2016 年版。

②引自黄庭坚《题绛本法帖》，见于〔宋〕黄庭坚《山谷题跋》，浙江人民美术出版社 2016 年版。

③《自叙》是唐代怀素所作散文，见于《墨池编》卷四、《书苑菁华》卷十八、《全唐文拾遗》卷四九等。

④据《书林纪事》，见于〔清〕马宗霍《书林藻鉴　书林纪事》，文物出版社 1984 年版。

“看展”，也是一种仪式

在 2020 年辽宁省博物馆“山高水长——唐宋八大家主题文物展”中，有一件书法作品为佚名绢本《曹娥诔辞》卷，因书写于东晋升平二年（358），故又名《升平帖》。文献记载，东汉时期会稽上虞县令度尚为表彰、纪念一位叫曹娥的女子，立了一块碑，碑文就是这篇诔辞。所谓诔辞，就是祭悼志哀的文章。原碑早已无处可寻，但晋人所书《曹娥诔辞》的墨迹却流传了下来，而且很多人认为其书写者就是“书圣”王羲之，卷后还有宋高宗赵构等人的多种题跋。罗贯中、曹雪芹还曾把曹娥碑的故事写进自己的作品中。

《曹娥诔辞》卷有“三绝”

曹娥是何许人也，一个小女子怎担得起县令、“书圣”乃至帝王的数度加持？晋虞预的《会稽典录》及南朝宋范晔的《后汉书·烈女传》、刘义庆的《世说新语》等古籍记录了她的事迹，可以和诔辞相互印证，释解我们心中的疑问。说是当时在上虞县的曹家堡，有个叫曹盱的巫祝。巫祝，就是古代司掌占卜祭祀的人。东汉汉安二年（143）端午节，当地人祭祀潮神伍子胥，巫祝曹盱驾船在舜江中迎潮神，不幸溺于江中，数日不见尸体。他的女儿，年仅十四岁的曹娥，昼夜沿江哭寻父亲，十几天后也投江追父而去，结果又过了五天她抱着父亲浮出水面，遗憾的是她此时也已经溺死了。

尽管曹娥死去了，但她的义举就此广为传颂。县令度尚也十分感动，便为她立碑，并让弟子邯郸淳作诔辞一篇，请人誊写后刻于碑上。值得

〔晋〕王羲之（传）楷书《曹娥诔辞》卷，辽宁省博物馆藏

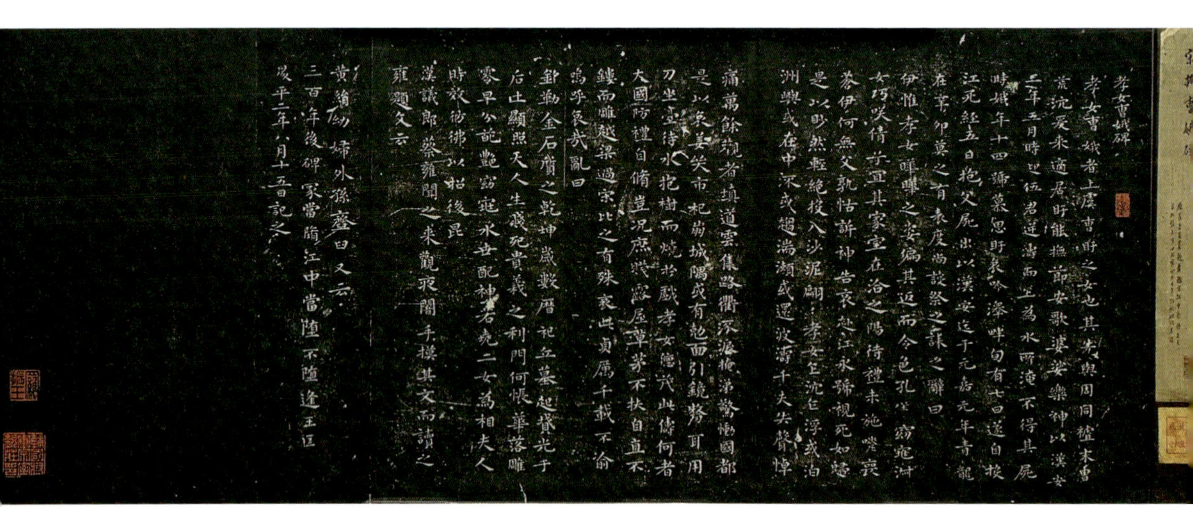

宋刻《孝女曹娥碑》明拓本卷，辽宁省博物馆藏

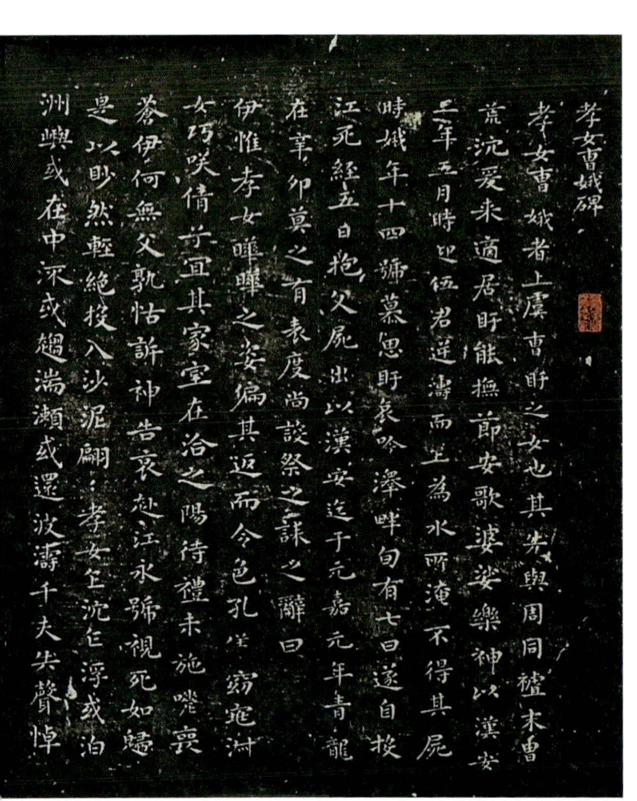

宋刻明拓《孝女曹娥碑》(局部)

一提的是，辽博不仅藏有《曹娥诔辞》的墨迹，还藏有《曹娥诔辞》碑拓。很幸运，在2021年12月的“墨影镌英——辽宁省博物馆馆藏金石拓本展”上，我见到了《孝女曹娥碑》的明早期拓本，与墨迹卷本进行对照，相映成趣。当然，该拓本原碑并非晋刻，而是宋刻。由于原碑早已不见，宋人以相传王羲之遗迹为底本重新摹刻成碑，这方宋刻碑后来也佚失了，清人又进行了翻刻。今天的曹娥庙中，尚存多种

历代翻刻碑，除了王羲之名下的，较为著名的还有唐代李邕、宋代蔡卞等人的书刻，李邕碑为明人集字刻成，蔡卞碑则是他本人手书行楷所刻。书，临，摹，刻，往复循环，在重复之中又会出现创新，千百年来，一代代士人、书家就是这样传承着他们的艺术、文化和信仰。

另外，北京故宫博物院也藏有宋刻《孝女曹娥碑》明拓本一种，但那件是册页，为朱翼盦旧藏。

在《曹娥诔辞》正文结束以后，还有一段题记，记载蔡邕[①]半夜前来瞻仰《曹娥碑》的故事。说蔡邕观碑后题了八个字“黄绢幼妇，外孙齑臼”，什么意思呢？说到这儿我又不由得想起《世说新语》里面讲的曹操与杨修同观曹娥碑的故事。

东汉末年杨修随曹操骑马路过曹娥碑，曾为曹操解释八字题记说：“黄绢，色丝也，并而为绝；幼妇，少女也，并而为妙；外孙为女儿的儿子，合而为好；齑臼作为捣舂器具，其功用就是受纳那些辛辣调味品，也即‘受辛’，就是‘辞’[②]。因此这八个字其实是‘绝妙好辞’之意，是对曹娥碑碑文的赞美。”曹操是走出三十里才想明白的，待杨修揭晓谜底时他惊叹道：“你的才思高出我三十里啊！”杨修后来被曹操所杀，很多人说是因为他太爱“露才”了。[③]

杨修到底因何而死暂且不论，“绝妙好辞”的评价倒并非溢美。我总结东晋《曹娥诔辞》卷有“三绝”，绝妙好辞自然就是第一绝。文章用工

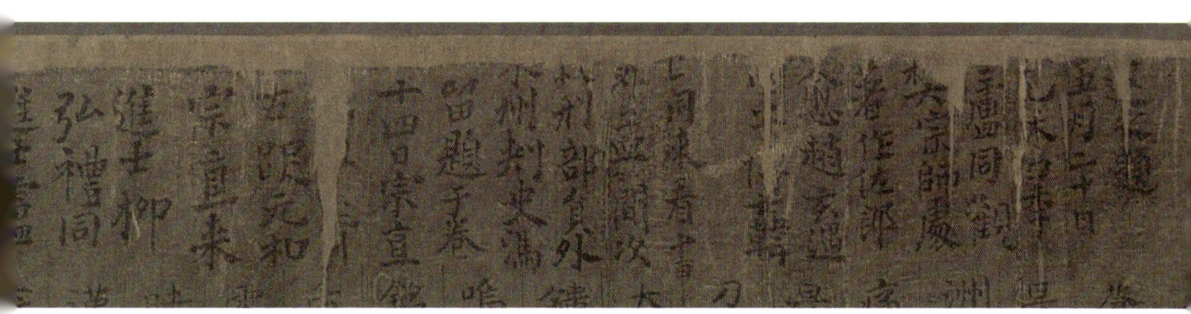

《曹娥诔辞》卷，韩愈等人题签

整的句式生动地描写了曹娥的事迹，引经据典，文采飞扬，堪称古代悼词祭文范本。第二绝，是绝世小楷。这是迄今存世的唯一东晋楷书墨迹，也是中国现存最早的楷书墨迹。对于这件书法作品，自宋至清一直有作者系王羲之的说法，可见，它即便不是出自王羲之手笔，至少也已经达到了可以和“书圣”的字相媲美的水平。从书法上看，此卷字体结构和书写方法体现了东晋楷书趋于成熟的风格。同时，卷中还有唐怀素等题名和观款，卷后有南宋高宗赵构、元赵孟頫等十余人的题跋，后世的帝王、名士、书家都对它十分重视。

说到题款，那就要说说此卷的第三绝了：绝笔真迹。就在书心的题款中，我们可以看见唐代著名思想家、文学家、政治家、教育家、诗人、“唐宋八大家”之一韩愈的一段墨迹，之所以说“绝笔”，是因为此乃迄今发现的韩愈唯一存世墨迹。韩愈的这 8 行 33 字以小楷写就，虽然字体很小，但放大观看可见其既沉着凝重又舒展奔放。

曹娥精神与韩愈“原道”主张不谋而合

韩愈在这卷诔辞上写了什么呢？尽管个别字迹残损，但大体可知，韩愈写的就是某年月日他和几位朋友同观此卷这件事。几个人的名字历历可见，身份有进士、州刺史、刑部员外郎、国子博士、著作郎等。用现在的话说，这就是“打卡”。韩愈当然不是乾隆，喜欢过眼留痕，但这个卡打得确实有点形式大于内容。那么问题又来了，一向主张文以载道、务去陈言的韩愈，首倡古文运动的韩愈，为什么要在这篇诔辞上打个并无太多实际内容的卡呢？

我想，这里面至少有两个原因。第一，几个志同道合的朋友相约“看展”，大概是一件非常值得纪念的事情，特别是在那个信息并不十分畅通的年代，不像现在打个电话就可以约一下。第二，也是更重要的一点，是这件“展品”意义重大，非同寻常。我们前面了解了它的内容与来历，也就不难理解这一点了。曹娥的故事是典型的儒家孝道文化的体现，长幼有序，父死女悲，感天动地，令人戚戚，而这恰恰和韩愈当时所倡导的复兴儒教的主张不谋而合。

为什么说复兴儒教呢？当我们说复兴的时候就意味着它可能在某种程度上衰落了。是的，这事还得从佛教的中兴说起。两晋南北朝时期佛教在中国迅速崛起并兴盛，所谓“南朝四百八十寺，多少楼台烟雨中”描绘的就是这样的情形。到了唐朝，佛教更是蓬勃发展，不仅寺院、僧侣和信徒大大增加，而且还形成了许多不同的宗派，佛教的地位达到了如日中天的程度。佛教之外，是黄老之学，也就是道家，道家因始祖老子姓李而受到李唐王朝的大力推崇。佛老在前，儒家于是靠边站了。

然而，统治阶级为了达到其政治目的而利用佛教，使佛教呈现畸形发展的态势，产生了很多负面影响。比如很多人不是因为信仰而是因为僧侣地位高而出家，以逃避劳动，民间甚至还出现了采取自残等极端行为供养

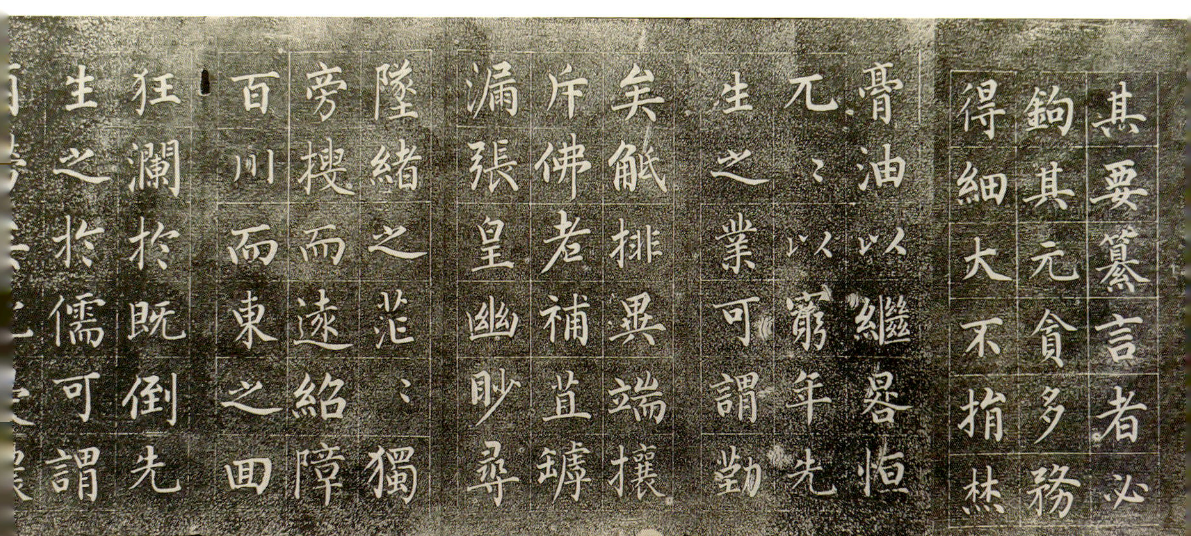

〔清〕永瑆楷书《韩文公进学解》拓本（局部），辽宁省博物馆藏

三宝的事情。于是，一些有识之士开始反思，认为藩镇割据乃至安史之乱使大唐由盛转衰，乱象集中爆发，这与儒家思想的正统地位被动摇有直接关系，因为儒家伦理道德不能再像以前那样有效约束人们的行为。韩愈就是极力排佛的代表，作为儒家思想的忠实践行者，他认为统治者过度崇尚佛教会对国家发展产生消极作用，提出要抑制佛教发展，更重要的是必须重建儒家道统。他在《原道》《进学解》等文章中指出儒家道统已经中断，重兴儒教是当务之急。

在《进学解》中，韩愈借一位国子先生之口说："抵排异端，攘斥佛老。补苴罅漏，张皇幽眇。寻坠绪之茫茫，独旁搜而远绍。障百川而东之，回狂澜于既倒。先生之于儒，可谓有劳矣。"这其实是一种自喻，表明自己要献身儒教的心迹。后世许多书法名家抄录过这篇《进学解》，以表达自己对韩愈的崇敬。"山高水长——唐宋八大家主题文物展"中可见清永瑆楷书《韩文公进学解》拓本。

道济天下之韩文公的仪式与信仰

韩愈才华横溢，求学刻苦，但却命运多舛，先是幼时丧父，稍长又屡试不中。后来通过给达官显贵做幕僚，慢慢进入体制内。直到五十一岁时，文人韩愈才因为有战功得以跻身上层统治集团。然而，就在那两年后，却因上表谏迎佛骨而触怒宪宗，险些被宪宗处死，幸得裴度等大臣说情营救，才留得一命，被贬为潮州刺史。他在那篇著名的《谏迎佛骨表》中，痛斥当时佛教的诸多弊端，是继南北朝范缜的《神灭论》之后，又一篇声讨有神信仰的檄文。

那时候的潮州还是蛮夷之地，从长安到潮州，韩愈可以说是九死一生，他甚至在出发时就没想活着回来。他的侄孙韩湘得知消息后一路追去，追到蓝关终于见到了被罕见的暴雪挡住去路险些冻死的韩愈。韩湘练过一些

〔清〕永瑢《蓝关宦辙图》册页，辽宁省博物馆藏

道家功法，民间传其为修仙族，动用法术解救了韩愈，他后来就被人们附会成了“八仙”之一的韩湘子。祖孙相见，韩愈感慨万千，写下一首诗，告诉韩湘：“我的本意是为国家清除积弊，一把老骨头倒不足惜。只是可能再也回不去了，刚好你来了，如果我死了就帮我把尸骨埋在这瘴江边吧！”这就是著名的《左迁至蓝关示侄孙湘》：

一封朝奏九重天，夕贬潮州路八千。

欲为圣明除弊事，肯将衰朽惜残年！

云横秦岭家何在？雪拥蓝关马不前。

知汝远来应有意，好收吾骨瘴江边。

千载之下，看着《曹娥诔辞》卷眉上那一段小小的字迹，再读此诗，不禁感慨。古代文人士大夫这种为国捐躯的无畏气概，着实令今人敬佩、汗颜，他们的这种气概无疑是来自心中的信仰。对于韩愈来说，观《曹娥诔辞》与其说是揣摩晋书神韵，毋宁说是一种仪式，朝觐儒家精神的仪式。在二十几年宦游生涯中，韩愈屡屡因为直言进谏而得罪权贵，仕途几经起落，在中央与地方之间迁谪往复。公元 824 年，谪贬潮州的事情发生四年后，韩愈病逝于长安，时年五十七岁，朝廷追授礼部尚书，谥号为“文”。两百多年后，潮州官民为韩愈建庙立碑。大文豪苏轼撰写碑文，说韩愈“文起八代之衰，而道济天下之溺”，这是对韩愈比较公允的评价，并非虚言。④

最后值得一提的是，韩愈相关墨迹在辽博收藏、展出，这也算是韩文公的一种因缘际遇。韩愈自称“郡望昌黎”，唐朝的昌黎郡治就在今辽宁义县，而非现在的河北昌黎，河北的昌黎是金朝才有的地名，并且也不是郡。历史上东北昌黎郡出过许多韩氏名人，如前燕大司马韩寿、北魏时期修建万佛堂石窟的韩贞等。

注释

① 蔡邕（133—192），字伯喈，陈留郡圉县（今河南开封陈留镇）人。东汉名臣，文学家、书法家，才女蔡文姬之父。历任侍御史、治书侍御史、尚书、侍中、左中郎将等职，封高阳乡侯。创“飞白”书体，参与续写《东观汉记》、刻印《熹平石经》。

② 古时“受辛”为“辞”的异体字。

③ 据《世说新语·捷悟》。

④ 元祐七年（1092）三月，苏轼接受了潮州知州王涤的请求，为潮州重建韩愈庙撰写纪念碑文，题为《潮州韩文公庙碑》。该文见于《苏轼文集》第十七卷，孔凡礼点校，中华书局 1986 年版。

寒江孤影，独钓千年

看过《一代女皇》《武则天》《武媚娘传奇》等影视剧的朋友，对下面这段故事大概不会陌生：太宗驾崩后，武才人入感业寺削发为尼，两年后又由感业寺入宫，次年拜二品昭仪，一年后生长子李弘，两年后生长女安定公主，然而小公主出生一个月后，王皇后去探望武氏母女，偏巧就在王皇后独自逗留房中的工夫，小公主不幸夭亡。

成书于五代时期的《旧唐书》和《唐会要》只说小公主暴卒，而宋朝官修史书《新唐书》和《资治通鉴》都认为元凶正是武则天自己，她的目的是嫁祸王皇后以便自己上位。可怜的安定公主究竟因何匆匆离开人间，大概永远是一个谜了。但这件事的确改变了很多人的命运，包括武昭仪、王皇后，以及王皇后的族人，乃至大唐王朝的命运。高宗见自己的女儿不明不白死了，勃然大怒。不久王皇后被废，和她遭遇类似命运的还有之前受宠的萧淑妃。王皇后与萧淑妃后来被武则天所杀，王、萧两家族人全部被罢官、流放。

柳柳州不同寻常的家庭出身

王皇后出身于太原王氏，太原王氏为士族豪门。她的高祖王思政在西魏官至尚书左仆射，唐高祖李渊之妹同安公主是王皇后的叔祖母，王皇后的父亲王仁祐当时授特进，地位仅在三公之下。王皇后的母族柳氏也不一般，和薛、裴两族并称“河东三著姓”，王皇后的母亲魏国夫人柳氏的叔母是唐高祖的外孙女，而王皇后的舅父柳奭正是当朝宰相。小公主事件之后，王仁祐被褫夺官爵，不久死去，柳奭则被一贬再贬，最后被武则天杀于广西象州，柳氏一族从此一蹶不振。

柳奭有一个哥哥叫柳楷，柳楷的五世孙我们中国人都知道，就是唐朝著名文学家，“唐宋八大家”之一的柳宗元。柳宗元，字子厚，生于大唐长安城，因祖籍河东而又称“柳河东”“河东先生”，又因其仕途生涯止于柳州刺史，所以又称“柳柳州”。柳宗元因诗文成就之巨而与韩愈并称“韩柳”，与刘禹锡并称“刘柳”，与王维、孟浩然、韦应物并称“王孟韦柳”。

据考证，柳宗元小时候的家位于长安皇城朱雀门旁边，朱雀大街西侧第一街第一坊善和坊，紧邻沣水。朱雀门是皇城的正南门，是长安城最中心的位置。沣水景色秀丽，是“长安八水”之一，古有“八水绕长安”的说法。这里的房子可以说都是位置绝佳的河景豪宅，京城的达官显贵多在此购置房产。后来他家搬到亲仁坊，也是好地方，被皇帝尊为“尚父”的郭子仪就住在那里。所说豪宅，不仅建筑面积大，而且带园林。柳家有多少间房不得而知，但室内可陈列皇帝赐书三千卷，而屋外是良田数顷、果树百株，池塘、小山、亭台自然一样不能少。[①]

然而，由于王柳两族衰落的原因，柳宗元出生时，这里几近荒废。他在诗中说：“故墅即沣川，数亩均肥硗。台馆葺荒丘，池塘疏沉坳。”[②] 柳宗元四岁的时候，父亲柳镇主动申请由京城主簿调到地方做县令，背井离乡为的就是多拿点地方性补贴。柳宗元还有两个姐姐，父亲离开后，柳宗元的母亲卢氏便留在家照顾孩子。可是，尽管坐拥全国最牛“学区房”，卢氏并没有送儿子上过太学等任何公立学校。原来卢氏认为太学学风不好，很多纨绔子弟在那里“烧钱”，打架斗殴，不学无术，还不如自己在家学。是的，卢氏出身也非同寻常，范阳卢氏是和太原王氏齐名的名门望族。卢氏七岁通“毛诗”，经史子集不在话下，学识女红一样不落。柳镇曾对儿子说：“我所读的那些史书和诸子，你妈没有不知道的！”[③] 诚然，家里有皇帝赐书三千卷和一位学识渊博的母上大人，不去学校也罢。

由于有个胜过好老师的好妈妈，柳宗元科举之路非常顺利。二十一岁时考中进士，声名远播，“吸粉”无数。不料父亲柳镇去世，柳宗元在家守丧三年。随后，经吏部选拔，柳宗元被安排到秘书省任校书郎，开始了他的从政之路。二十六岁，柳宗元又考取博学鸿词科，授集贤殿正字之职。柳宗元亲身体验到了当时政治的黑暗与腐败，极力主张改革变法。在唐顺宗永贞年间，身为礼部员外郎的柳宗元，参与了翰林待诏兼度支使、盐铁转运使王叔文发起的改革运动。“永贞革新”持续了半年时间，以失败告终。柳宗元先后被贬为永州司马、柳州刺史。

韩柳二人至死不渝的友情

柳宗元与韩愈并称为“韩柳”。两人不仅同朝为官，而且在实际生活中关系十分密切，他们的友谊持续了一辈子。韩柳的友谊是真正的友谊，看问题以追求真理作为最高的目标，在任何情况下都能坦诚、客观地指出对方的不足。他们的成长，他们成就的取得，和他们在生活中有彼此这样的朋友不无关系。

韩柳在个人生活中关系好，但是讨论问题的时候却常常打得不可开交。

他们在政治、思想等方面都存在一些分歧，特别是在佛教问题上，可以说是针锋相对的。韩愈主张灭佛，但柳宗元认为韩愈并不真正了解佛教，他关于佛教的认识都是表面的。柳宗元觉得一些佛家的高僧思想很深邃，人格修养也不亚于古代贤能之士，佛教的教义也有对社会有益的积极方面，盲目排佛是不可取的。然而，在柳宗元、刘禹锡被贬官的时候，只有韩愈敢于得罪皇上替他俩说话；同时韩愈也曾指责两人说话办事不谨慎，招致祸患，但这些都是朋友之间真诚的倾诉，并不会影响他们的友谊。

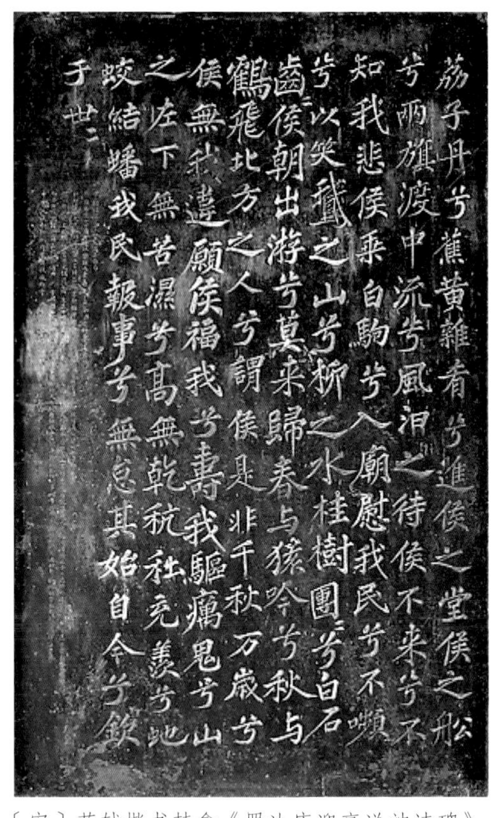

〔宋〕苏轼楷书韩愈《罗池庙迎享送神诗碑》，立于广西柳州柳侯祠

公元 819 年冬，柳宗元在柳州因病去世，时年四十七岁。韩愈闻听噩耗，悲恸万分。三年后，柳州官民为柳宗元建庙立祠。第二年，时任尚书吏部侍郎的韩愈为故友撰写罗池庙碑铭，碑铭末尾诗曰：“千秋万岁兮，侯无我违。愿侯福我兮寿我，驱厉鬼兮山之左。下无苦湿兮，高无干秔。秫充羡兮，蛇蛟结蟠。我民报事兮，无怠其始，自今兮钦于世世。”——千载万代啊，不要与我分离；从今往后啊，百姓对你世代敬仰！北宋时，苏轼又欣然泼墨独选其诗而书。南宋时，后人将苏轼的真迹刻于碑上，称《罗池庙迎享送神诗碑》，因集结了三大文学家的名字，俗称“三绝碑”，

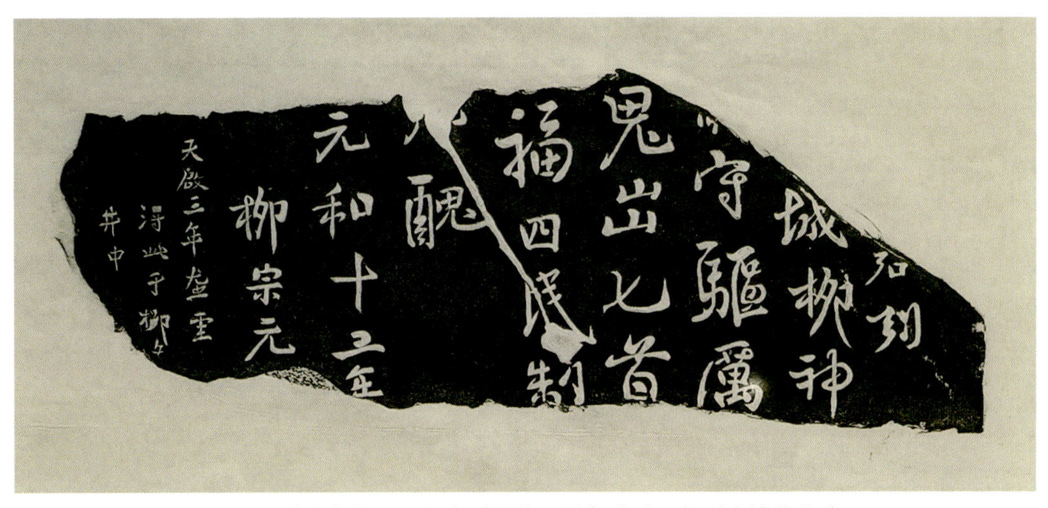

当代拓〔唐〕柳宗元行书《龙城石刻》残碑，柳州市博物馆藏

又因诗文开头“荔子丹兮蕉黄”之句，又称“荔子碑”。

在辽宁省博物馆“山高水长——唐宋八大家主题文物展”中，展出了“三绝碑”的拓片。柳宗元是“唐宋八大家”中唯一没有墨迹传世的一位，但幸运的是在此次大展中，可见带有柳宗元名款的《龙城石刻》残碑拓片，可见柳氏行书笔力劲健，且富于变化。目前许多资料可以佐证，柳宗元书法造诣很高。他的老师皇甫阅是颜真卿的再传弟子，而日本留学生橘逸势、沙门空海都曾在长安跟他学书。[④] 柳宗元还有一位关系不算太远的族亲，官至太子少师，名叫柳公权，正是在书法史上与颜真卿并称“颜筋柳骨”的那位。

漫天风雪里的寒江孤影

尽管柳宗元对佛教的认识与韩愈不一致，但是他在古文运动中却与韩愈保持一致。他不仅在理论上支持复兴朴实、自由的古文传统，而且以自己大量的创作实践垂范，推动了古文运动的发展。

諸衆生無復我相人相衆生
相壽者相無法相亦無非法
相何以故是諸衆生若心取
相則為著我人衆生壽者若
取法相即著我人衆生壽者
何以故若取非法相即著我
人衆生壽者是故不應取法
不應取非法以是義故如来
常說汝等比丘知我說法如
筏喻者法尚應捨何況非法
須菩提於意云何如来得阿
耨多羅三藐三菩提耶如来
有所說法耶須菩提言如我
解佛所說義無有定法名阿
耨多羅三藐三菩提亦無有
定法如来可說何以故如来
所說法皆不可取不可說非
法非非法所以者何一切賢
聖皆以無為法而有差別

〔唐〕柳公权书《金刚经》刻石（敦煌石窟藏唐拓孤本，局部），法国国家图书馆藏

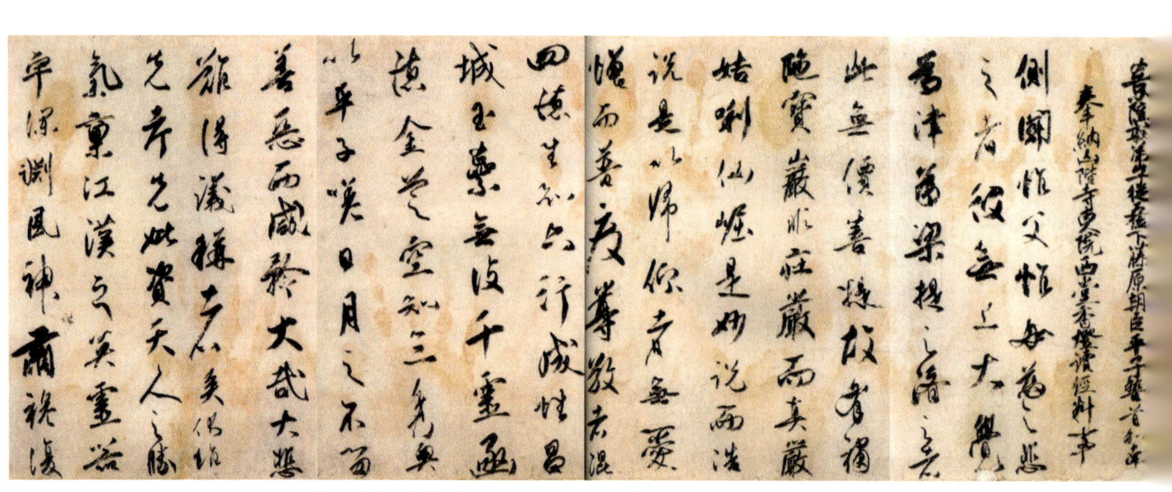

［日］橘逸势《伊都内亲王愿文》（局部），日本皇室藏

[日]空海《风信帖》(局部)，日本东寺藏

柳宗元的散文今存四百多篇，若按内容和形式来分类，可分成论说、传记、寓言、游记四个方面。柳宗元的文章具有强烈的批判精神，思想深邃。其传记文，叙事写人，生动逼真。柳宗元继承《孟子》《庄子》等先秦文学的寓言叙事方法，使寓言成为一种独立的、成熟的文体，他的寓言笔致冷峭，借物喻人，寄意幽深，表现出很高的讽刺艺术，具有深刻的教育意义。柳宗元的山水游记，清新秀美，情景交融，特别是《永州八记》为古代游记文的杰出代表，如《小石潭记》《钴鉧潭西小丘记》等都是千古传诵的名篇。现代山水画大师陆俨少曾绘制《永州八记图》册页，以表达对柳宗元的崇敬，此套册页也在“山高水长——唐宋八大家主题文物展”中出现。

柳宗元众所周知是一位文学家、诗人，此外还有一个几乎被文名所掩盖的身份，那就是哲学家、思想家。柳宗元之所以积极投身政治改革、大力推动古文运动，是因为他总是在反思问题、寻找出路。他是中唐最重要的思想家之一，他以政治家的远见，阐发了中国传统思想的很多重大问题，对当时社会产生了重大影响。比如他不反对佛教，而且认为佛家思想也有儒家能够学习借鉴的东西，但是他本人却是不折不扣的无神论者。柳宗元继承和发展了荀子、王充等唯物主义哲学家的思想，在中国哲学史上占有重要地位。[⑤] 在神佛风行的大唐，作为一个朴素的唯物主义者，柳宗元在他所处的时代显然是孤独的，就像他自己在诗中描写的那样，“孤舟蓑笠翁，独钓寒江雪”。

在柳宗元看来，因为没有神，所以君权神授就不成立了，皇帝也是凡人，那么郡县制取代分封制就理所当然了。中国古人在国家实行分封制还是郡县制这个问题上，有过长期的争论，柳宗元阐释了郡县制的优越性并被后世广泛接受，算是为双方的纷争画上了一个休止符。[⑥]

注释

①据《新唐书》，柳宗元曾对京兆尹许孟容说："家有赐书三千卷，尚在善和里旧宅。"另在其父柳镇墓表中有"是岁（贞元九年）五月十七日，终于亲仁里第"的表述。亲仁坊毗邻皇城，位于长安城的核心地区，距国子监仅一坊之隔，多为名门望族、公卿大臣所居。

②出自柳宗元《游朝阳岩遂登西亭二十韵》，收入曹寅、彭定求等编印《全唐诗》，康熙四十六年（1707）扬州诗局刻本，今藏于北京故宫博物院，中华书局1960年首版。

③据柳宗元《先太夫人河东县太君归祔志》，收入《柳河东集》。见于〔唐〕柳宗元《柳河东集》，上海古籍出版社2008年版。

④参见［日］木本南邨《弘法大师·空海与书法》，中国美术学院出版社2010年版。橘逸势（782—842），日本平安时代著名书法家。空海（774—835），日本佛教真言宗创始人、书法家。804年，橘逸势、空海等以遣唐使身份至中国求学。

⑤柳宗元的哲学思想集中在他的《天说》《天对》等文章中，收入《柳河东集》。

⑥其主要观点见于《封建论》，收入《柳河东集》。

从无边沧浪到浩瀚洞庭

《沧浪亭图》，明周臣绘，藏于国家博物馆。2019 年元月在河北博物院“笔墨文心五百年——国家博物馆藏明清书画展”中展出，得知消息我便乘高铁前去观览。周氏笔下的沧浪亭是一处真实存在的园林，今位于苏州城南三元坊，占地面积 1.08 公顷，始建于北宋，是现存历史最为悠久的江南园林，其建造者是宋代著名诗人苏舜钦。2011 年去苏州的时候，我逛了几个著名的园子，其中拙政园游人最多，沧浪亭游人最少。人少，便可以从容游走、发呆，对于我这样的观者而言真是幸事。

从河北博物院回来，我久久沉醉于周臣的“笔墨文心”之中。转年，清代张照行楷范仲淹《岳阳楼记》碑拓经折，在辽宁省博物馆“山高水长——唐宋八大家主题文物展”中展出。沧浪亭与岳阳楼，一直是在我心中矗立的两座丰碑。它们都是中国古代著名建筑，却代表着两种不朽的精神。

〔明〕周臣绘《沧浪亭图》卷（局部），国家博物馆藏

在沧浪亭与岳阳楼之间

苏舜钦曾写过一篇《沧浪亭记》，讲述置地造园的经过以及他的园林生活。文中说自己因罪被罢官，流落苏州时发现一处废园，没花太多钱就买了下来，经过整饬翻修，一座将会名扬后世的文人私家园林焕然一新。水榭亭台皆自洽，风月草木各相宜。“沧浪”二字取自《楚辞·渔父》中的《沧浪歌》：“沧浪之水清兮，可以濯我缨；沧浪之水浊兮，可以濯我足。”苏舜钦从此过上了“野老不至，鱼鸟共乐”的生活。[①]

这么看苏舜钦远离庙堂的喧嚣，隐居江南园林，过上了有钱有闲的生活，貌似因祸得福。苏舜钦到底犯了什么罪被罢官而至此呢？往小了说，就是进奏院负责人苏主任以祭神之名用单位卖废纸的钱请同僚吃了一顿——这是一个被默许的惯例，也是当时机关里公开的秘密，何况饭费不够大家还 AA 了一下；往大了说，身为国家干部，私设小金库，结党营私，妄议朝政。夜宴还没散御史中丞王拱辰就带着皇上的手谕到了，一屋子人均被查办。[②]

那一年，是公元 1044 年，苏舜钦三十七岁。按照年号说，那一年也叫大宋庆历四年。说到“庆历四年”事情就没那么简单了，因为，对于中国文人来讲，那是需要特别标注的年份，一年之内发生了两件大事。第一件是那年春天，“庆历四年春……”我们张口就来的，“滕子京谪守巴陵郡”，他重修了岳阳楼，后来请范仲淹写了一篇《岳阳楼记》，于是天下尽知其名；另一件就是经夏到秋，苏舜钦罢官，此后旅居苏州，重修孙家废园，命名沧浪亭，并请好友欧阳修赋得《沧浪亭》长诗一首，“清风明月本无价，可惜只卖四万钱”便是其中的名句。这两件事实际上有着共同的背景——庆历新政。

北宋中期庆历年间，一批政治精英为了使国家强盛起来，发动了一次著名的改革运动，叫作庆历新政，新政的内容包括推动儒学复兴的一系列举措，这次新政的领导人就是范仲淹。当时北宋政权与辽、西夏对峙，边疆危机四伏。1038 年，西夏李元昊称帝。从 1040 年开始，李元昊多次发兵进攻大宋。范仲淹以龙图阁直学士身份经略西线边防，改革军事制度，调整战略部署，构筑坚固的防御体系。西夏军不敢再侵犯大宋，当地的党项族人和羌族人都称范仲淹为“龙图老子”[③]。西夏人非常敬畏范仲淹，称“小范老子腹中自有数万兵甲”[④]。1044 年，西夏与北宋议和，李元昊取消皇帝称号，对宋称臣。

边境的动荡，引发了宋仁宗深刻的反思。宋初以来的种种问题逐渐暴露，加之太后垂帘十余年，政治体制改革迫在眉睫。庆历三年（1043），以宰相吕夷简为首的守旧派在朝中的重要职务被一班新锐改革派取代。范仲淹在那年秋天上疏他的改革方案——《答手诏条陈十事》，宋仁宗照单全收，截至第二年五月，已经有九条颁行全国。执政二十年之久的前宰相吕夷简及其利益集团当然不肯善罢甘休，更何况新政动了官僚体制内许多人的奶酪。于是改革派又被守旧派反扑，陆续被以各种罪名贬官，其中比较有名的比如滕子京。滕子京和范仲淹是同科进士，早年还在同地（泰州）任职，两人具有相似的政治理想，惺惺相惜。在范仲淹的举荐下，滕子京被任命为泾州知州。滕子京不负厚望，在泾州大败西夏李元昊。滕子京因此升职并转任庆州知州，成为宋军西线战事主要负责人之一。

然而，在滕子京被调离后，朝廷派人进驻泾州，进行审计、调查。调查结论很快出来了：滕子京挪用公款，谋取私利，巨额财产和部分账簿去向不明。滕子京自己的解释以及范仲淹为其所做的辩护是，大量钱财用于犒赏三军、抚恤军烈属。但还在御史台的王拱辰，以罢工、辞职威胁皇上，要求仁宗严惩滕子京。王拱辰敢这么做也是知道自己在皇上心中的分量，他原名王拱寿，当年中状元时年仅十九岁，仁宗赐名“拱辰”（他后来有个曾外孙女，名叫李清照）。就这样，在经过两次反复调查之后，滕子京被谪贬岳州。

到了岳州的滕子京雄心犹在，搞了好几个大工程，其中就包括重修岳阳楼。老友范仲淹应邀撰写了《岳阳楼记》。范仲淹告诫他，为了天下苍生，受点委屈也是值得的，这当然也是范仲淹的自勉。历史上所有的改革都不会轻易成功，守旧派的力量是强大的，尽管一代名相吕夷简在那年秋天病故了。改革派范仲淹、杜衍、欧阳修等人相继离京外放做地方官，写《岳阳楼记》的时候，范仲淹已被谪贬邓州。守旧派卷土重来，庆历新政不到一年半即草草收场。

古代谪贬文学的扛鼎之作

尽管庆历新政不到两年就以失败告终，但它的影响非常大。庆历新政让读书人认识到，通过科举取士进入仕途，然后用政治改革来实现救国救民的儒家理想，是一条可以尝试的道路。改革失败后，以范仲淹为代表的知识分子并没有灰心气馁，而是提出了“先忧后乐”的儒家精神信仰。范仲淹在其千古名篇《岳阳楼记》中说：“予尝求古仁人之心，或异二者之为，何哉？不以物喜，不以己悲，居庙堂之高则忧其民，处江湖之远则忧其君。是进亦忧，退亦忧。然则何时而乐耶？其必曰‘先天下之忧而忧，后天下之乐而乐’乎。”仕途失意之后用文字来排解忧虑与烦闷，是中国古代一种极具特色的创作题材——贬谪文学。

那么，如范仲淹、滕子京者，为什么遭到不公正待遇还要心怀天下、忧国忧民呢？因为儒家的天下意识就是古代文人士大夫们的信仰。我们常常看到这样一种说法，认为中国古代封建社会实行君主专制，普天之下莫非王土，所以皇帝就代表国家，就是天下。我觉得皇帝、国家、天下，这三者之间不能完全画等号，这样简单粗暴的论断有失公允，也不符合历史客观实际。仅以北宋为例，从范仲淹到欧阳修、王安石、司马光、苏轼，等等，他们没有一个不被贬过，但是他们内心的天下意识从未淡去，信仰从未坍塌，所以受尽苦难甚至屈辱也不会轻言放弃。如果仅仅把自己的职业视为给大老板皇帝打工，他们何来的这份坚韧与执着？

沧浪亭与岳阳楼，实际上是中国文人士大夫两种情怀所筑就的两座丰碑。千载以降，沧浪亭成了清风明月的隐逸精神的象征，岳阳楼则是“先忧后乐”天下情怀的譬喻。归隐，是为了保持人格的独立与高洁；坚守，是为了实现治国平天下的梦想。中国读书人的理想与追求在这两座建筑间得到了淋漓尽致的体现，进可兼济天下，退则独善其身。

后世许多文人士大夫把范仲淹的“先忧后乐”作为座右铭，传承其济世情怀与乐观精神。如清代藏书家、书法家、戏曲家张照，康熙朝他就已经在南书房陪皇上读书讨论问题，雍正朝官至刑部尚书，但后来被派到贵州做抚定苗疆大臣，却因无功而革职拿问，险些问斩。他以大字行楷抄录《岳阳楼记》以遣怀，其朱拓纸本经折在 2020 年辽博“山高水长——唐宋八大家主题文物展”中展出。张照对“二王”及“欧颜赵董”⑤都有所学习，其对传统的掌握、对书法的理解，都得到了时人首肯，后来经常为乾隆代笔。闻名天下的岳阳楼上的《岳阳楼记》雕屏就是出自张照的手笔。雕屏由小叶紫檀木雕刻而成，已有两百多年历史，1988 年被列为国家重点保护文物。

〔清〕张照行楷《岳阳楼记》拓本经折，辽宁省博物馆藏

〔清〕张照行楷《岳阳楼记》雕屏，湖南岳阳楼藏

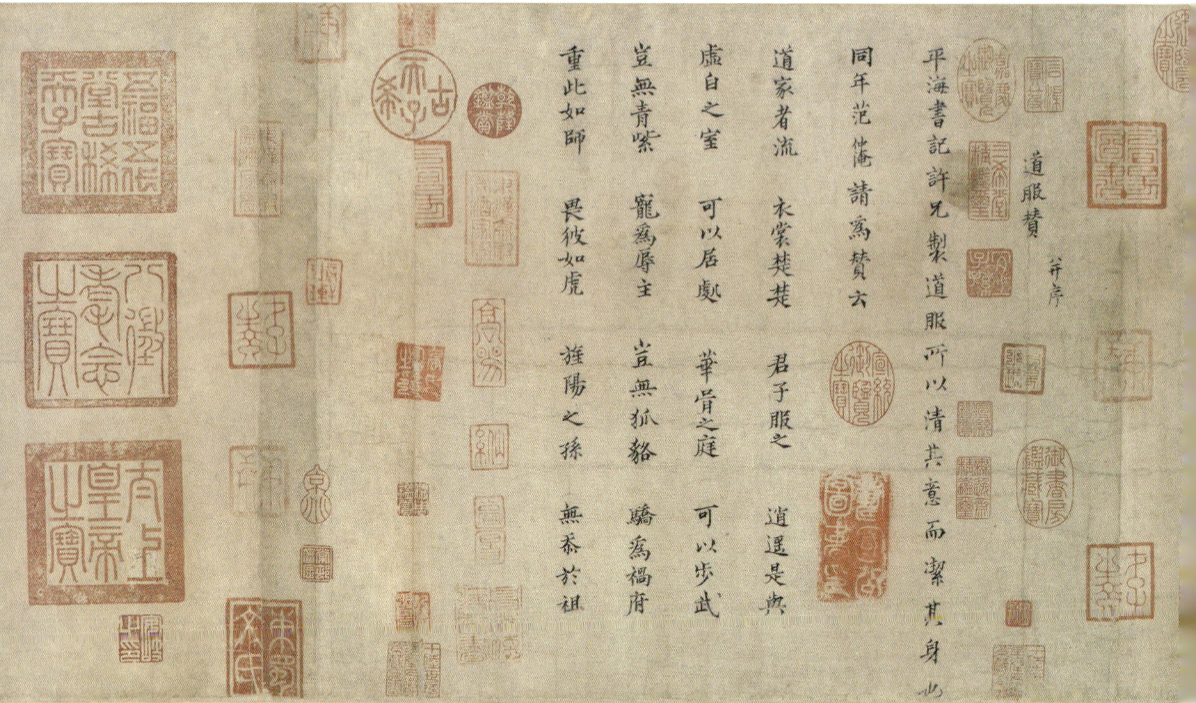

〔宋〕范仲淹楷书《道服赞》卷，北京故宫博物院藏

尽管我们今天尚未见到范仲淹亲自书写的《岳阳楼记》，但所幸依然能见到他另外的真迹。如范仲淹楷书《道服赞》，内容是范仲淹为同年友人“平海书记许兄”所制道服撰写的一篇随笔，以道服喻人品，称赞友人“清其意而洁其身”的高洁之举。其行书《边事帖》是写给曾任“知府刑部”的同僚、友人富严的一封信，富严当时已任职苏州知府，而范仲淹则任陕西招讨使，正在率部抗击西夏，他在信中说“此间边事，夙夜劳苦”，是对其戍边卫国军旅生活的真实且珍贵的记录。无论楷书与行书，范仲淹书法皆字体隽秀挺拔，点画清劲有力，行款疏朗，风骨不凡，字里行间洋溢着一股清正之气。

范仲淹当过地方行政长官，治理一方，为官清正，关心社会底层劳动民众的疾苦，被百姓爱戴；也担任过朝中要职，官至副宰相，发起政治改革；还曾远赴前线，作为军事统帅大败敌军；更有满腹才华，写下千古文章，为后世广为传颂。范仲淹心怀天下，忧国忧民，从不计较个人荣辱得失。每遇国家大事，他都慷慨直言，敢作敢为，曾在不到十年时间里三次被贬。范仲淹每遭贬一次，人们就调侃他说是“光荣”一次，第一次称为“极光”——极度光荣，第二次称为“愈光”——更加光荣，第三次称为“尤光”——特别光荣。于是，后人称范仲淹有“三光风范”，一时成为美谈。⑥

范仲淹是北宋诗文革新运动的倡导者，他提出文章要有思想，要阐明道理，要创新求变，要切合实际，而《岳阳楼记》就是这样的散文典范。在诗词创作上，由于忙于卫国戍边、政治改革和教书育人，范仲淹的作品并不算多，但留下来的几乎都是精品。比如对江上渔者的描写，“君看一

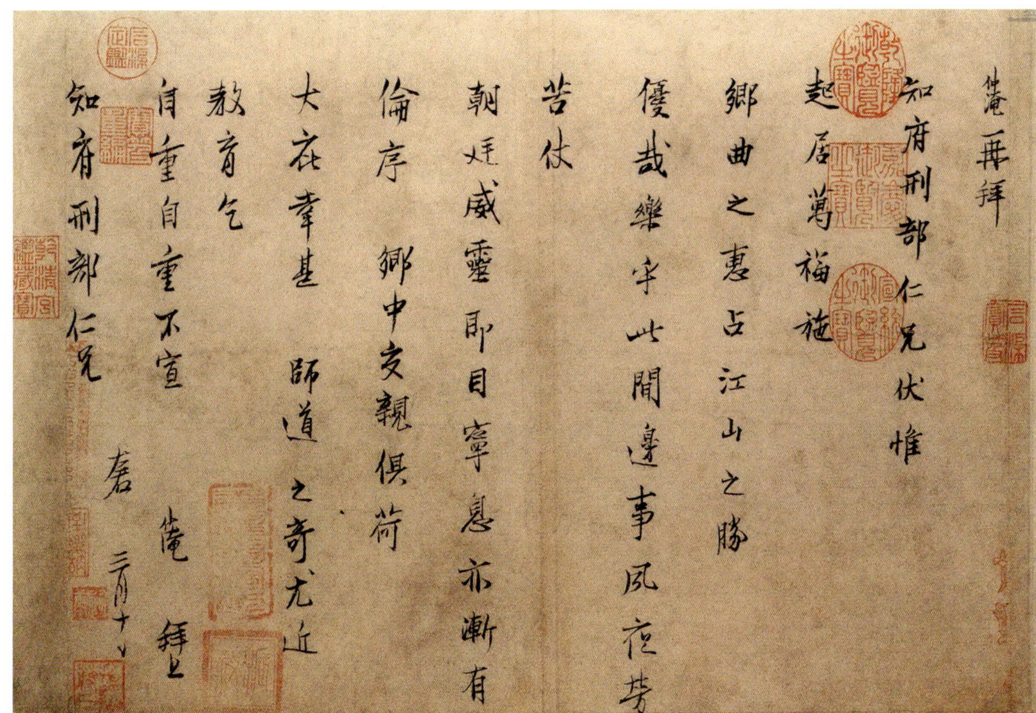
淹再拜
知府刑部仁兄伏惟
起居万福施
乡曲之惠占江山之胜
优哉乐乎此间边事夙夜劳
苦仗
朝廷威灵即目宁息亦渐有
伦序 乡中交亲俱荷
大庇幸甚 师道之奇尤近
教育乞
自重自重不宣 淹 拜上
知府刑部仁兄 座 二月十一日

〔宋〕范仲淹行书《边事帖》笺本，北京故宫博物院藏

叶舟，出没风波里”的意境与思想都极为出色；他在豪放派词宗苏轼之前就开始了豪放词的写作，词作影响了北宋豪放派词风的形成，这也与他在边塞工作和生活的经历有关，“浊酒一杯家万里，燕然未勒归无计”——戎马生涯更容易催生这样奔放豪迈的精神气质；同时，他的婉约词也毫不逊色，甚至在元代文学中依然有范仲淹的影子，如“碧云天，黄叶地，秋色连波，波上寒烟翠”——王实甫在元杂剧《西厢记》中曾对此进行化用。

作为思想家和教育家的范仲淹

安史之乱以后，唐朝进入藩镇割据时期，同时也走向了衰落。文化领袖韩愈发起了古文运动，然而，韩愈在文化上复兴儒家传统的努力并没能阻止大唐王朝最终的落幕，中华大地经过了唐末的黑暗与阴霾，陷入了更加混乱的五代十国时期。直到北宋建立，有识之士愈发认识到韩愈的先见之明，因为政权割据、国家分裂这些都是与儒家理想相悖的。于是他们继承前辈的衣钵，将古文运动发展成了规模和影响更大的儒学复兴运动。

作为终身关心国家发展的知识分子，范仲淹一直都在寻找决定国家安定繁荣还是动乱衰落的根本。最后他发展了韩愈的道统论，将士人的学风看作国家治乱的根本原因，即读书入仕的人能否继承儒家的“师道”，认明儒经之大旨，掌握治世之本领；而士人的学风，在很大程度上又取决于国家取士制度和吏治情况。也正是因为这样，范仲淹在新政的改革措施中提出，要以整饬吏治为第一要务，而重中之重是砥砺士风、改革科举、兴办学校、认明经旨、培养人才。

范仲淹非常重视教育，大力兴办学校，提倡以儒家的六经作为教学的主要内容。作为应天书院的毕业生，范仲淹后来不仅又回到应天书院主持工作，而且在他主政过的兴化、睦州、苏州、饶州等地，都重兴教育、积极办学，培养了很多人才。范仲淹负责书院教务期间，勤勉督学，以身示范，经常教导学生要“从德”，读书不仅以科举仕进作为最终目的，更要修身正己，“以天下为己任”。范仲淹是宋儒讲学第一人，对后世儒学发展产生了巨大影响。作为大思想家，范仲淹的学问横跨诸多领域，所以他的学生也在各个领域都有杰出的表现，比较著名的有教育家孙复、政治家富弼、军事家狄青、哲学家张载等。

宋代是中国古代思想史上的重要时期，儒家的学问实现了由“汉学”向“宋学”的转变。从解读儒家经典的方法上说，汉唐经学专注于章句的训诂和诠释，宋儒则对此进行了革新，强调要从思想理论角度阐发那些经典的要义、道理，这样的学问被称为义理之学。在思想内容上，汉唐经学要求严格遵从章句本意，不得自出新意，宋儒却主张创造性地揭示儒家经典所包含的、体现着时代精神的义理，而不必固守师门家法。宋儒这种解经学问，后来就被称为宋学。宋学主张对经典传注甚至经典本身也可以怀疑，可以提出自己的不同看法。最早致力于对儒家经典的义理进行阐发，鼓励怀疑精神和学术自由的人，就是范仲淹。

在对《易经》《中庸》等儒家经典的义理进行阐发的时候，范仲淹逐渐形成了自己对宇宙间万事万物的认识，建立了他的哲学体系。范仲淹和韩愈一样是儒家忠实弟子，但范仲淹接纳佛学，他的哲学体系架构与佛家理论有着很深的渊源。范仲淹的儒家思想，开宋学之先河，为宋明理学的发展奠定了基础。

范仲淹无论在个人品行、学养上，还是在工作事业中，都是楷模和典范，同时代精英和后世大家都给予了极大的称颂。王安石《祭范颍州文》说:“呜呼我公，一世之师。由初迄终，名节无疵。”黄庭坚在《道服赞》卷后题跋道:“范文正公，当时文武第一人，至今文经武略，衣被诸儒……”朱熹赞其为“第一流人物”的匾额如今挂在桐庐范仲淹纪念馆内。我们今天称颂范仲淹，绝不仅仅是因为一篇《岳阳楼记》，文中倡导的“忧乐情怀”和“天下意识”深入中国人骨髓，早已成为历代文人士子安身立命的精神动力。

注释

①参见苏舜钦《沧浪亭记》，见于〔宋〕苏舜钦《苏舜钦集》，上海古籍出版社 2011 年版。

②参见顾友泽《论宋庆历年间“进奏院案”的性质及兴起与扩大化》，载《枣庄学院学报》2008 年第 3 期。

③出自《宋史·范仲淹传》，见于〔元〕脱脱《宋史》，中华书局 1977 年版。

④出自朱熹《参政范文正公仲淹》，收入〔宋〕朱熹《五朝名臣言行录》卷七，见于《儒藏》精华编第 151 册《宋名臣言行录》，北京大学出版社 2016 年版。

⑤欧颜王董，指初唐欧阳询、中唐颜真卿、元赵孟頫和明董其昌。

⑥据丁传靖辑《宋人轶事汇编》，中华书局 1981 年版。

太守与民争利，可乎？

北宋庆历三年（1043），宋仁宗采纳副宰相范仲淹的一系列变法主张，推行改革。范仲淹信心满满，准备用自己的理论打造一个全新的大宋王朝，史称“庆历新政”。然而，不到两年新政就以革新派主力范仲淹和韩琦、富弼等人相继被贬而告失败。身为谏官的欧阳修因支持新政并替范仲淹等人说话而被贬为滁州太守。到了滁州之后，欧阳修没有颓唐落寞，而是意气风发地把他在朝廷的一系列主张付诸实践，简政革新，与民同乐。他自号“醉翁”，以一篇《醉翁亭记》记录这段韬光养晦的岁月。没想到文章一出，立马火了，“天下莫不传诵，家至户到，当时为之纸贵”[①]。

庆历八年（1048）三月，书法家陈知明将《醉翁亭记》抄录刻碑，立于滁州醉翁亭。[②]碑成之后，“远近争传，疲于摹打”[③]，堪称一时文化盛况。宋哲宗元祐六年（1091），王诏担任滁州知州，见《醉翁亭记》碑刻字小刻浅恐难长久，于是请欧阳修的门生、时任颍州知州的苏轼改书大字，

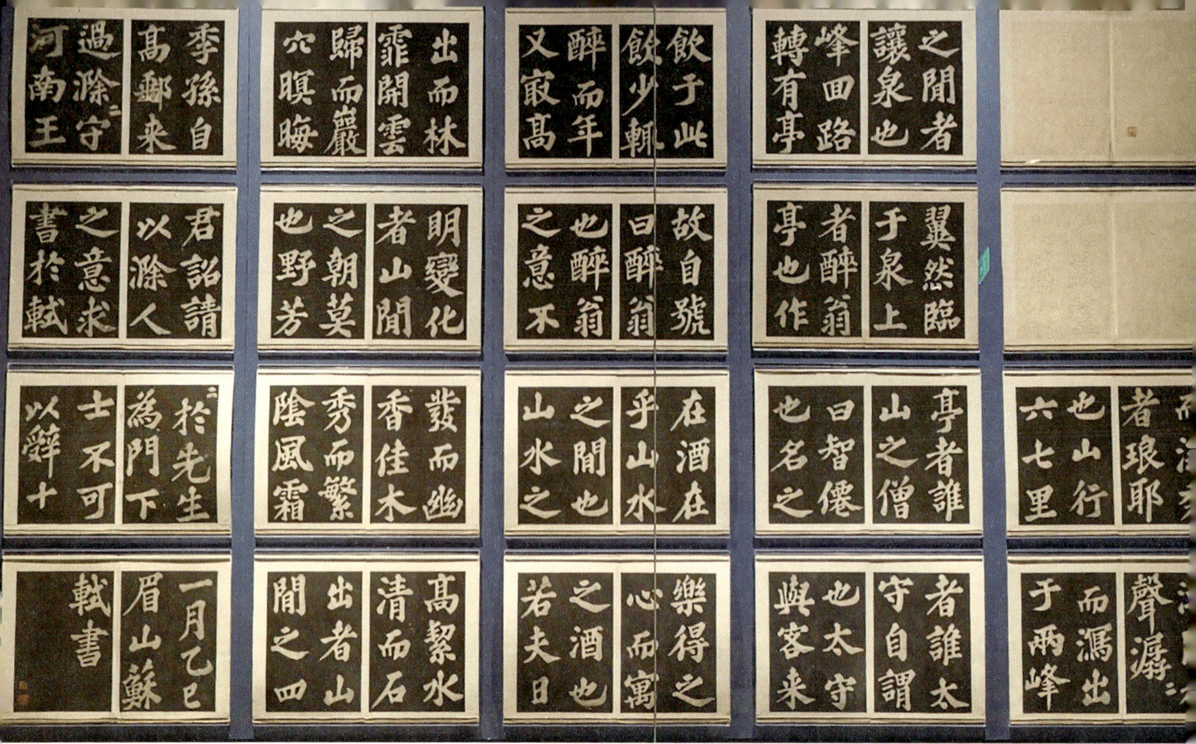

宋拓（旧题）苏轼楷书欧阳修《醉翁亭记》，辽宁省博物馆藏

以便重新刻石立碑。苏轼欣然应允，遂以楷法大字书丹，新碑乃成，遂“流布世间”“闻于天下”④。苏轼楷书欧阳修《醉翁亭记》浑厚峻朗，潇洒豪迈，堪称其楷书代表作。

他用两个十年向偶像致敬

庆历七年（1047）秋，一个年轻人来到滁州琅琊山下，拜访醉翁。他的到来令欧阳修非常兴奋，立马拉着他攀山登亭，不是游人如织的醉翁亭，而是鲜为人知的醒心亭。欧阳修慨叹，世人都以为我真的醉了，只有你明白我的心啊！这个人就是曾巩，时年二十九岁。滁州之行，给曾巩留下了美好的记忆和深刻的印象，不仅是和前辈师尊亲密接触，更是见到了滁州的一派祥和气象，“夷狄鸟兽草木之生者，皆得其宜”，而这当然得益于欧阳公的宽简之道：简化行政制度，不折腾、不扰民。

曾巩作《醒心亭记》说，韩愈去世已经几百年了，这几百年间能和他相媲美的就是欧阳公了，然而今天徜徉在醉翁亭的游客们并不一定真的知道他的伟大之处，千百年后，世人定会恍然大悟，感慨他的杰出而无人能望其项背。

近千年来的历史与事实证明，曾巩说对了。一个文学青年能和一代文宗互为知己，足以说明这个青年也不一般。许多年后，他被人列为“唐宋八大家”之一，名字和他的偶像欧阳修写在了一起。曾巩登醒心亭与欧阳修相会，当然不是初识，两人其实已经认识十年了。曾巩十九岁时随父赴京，就已登欧阳之门拜师求教了。欧阳修非常赏识小曾，他说：“过吾门者百千人，独于得生为喜。”[⑤]醒心亭相会之后又一个十年，三十九岁的曾巩写了另一篇文章，文中称道的还是乃师所主张的宽简之道，那就是应抚州太守裴材之邀所作的《拟岘台记》。在文中，曾巩道出了裴材以贤者自况，祈望百姓安乐和顺的心迹。

那一年，也就是嘉祐二年（1057），曾巩等来了迟到二十年的“录取通知书”，而且这一次是组团“雪耻”，他带去一起应考的弟弟曾牟、曾布及堂弟曾阜，加上曾家两个女婿，共计六人，全部金榜题名。在那张榜上，除了曾家六人，还有苏轼、苏辙、张载、程颢、程颐、吕惠卿、章惇、章衡、王韶……“三苏”之二、“宋六家”之三、“五子”之三，宋代文学巅峰的半壁江山、程朱理学的创派二宗及后来熙宁变法的主将，尽在其中。“二苏”和“二程”不用说，都是兄弟同榜；而章惇本是章衡的叔叔，因为名次在侄子之下而感到羞愧，竟然放弃入仕的机会选择复读，两年后高中进士甲科。[⑥]

这是不折不扣的“神仙打架”啊！那么问题来了，为什么这些牛人都挤到这一年了？

组团决战龙虎榜的曾家军

可以说，嘉祐二年的风云对决龙虎榜云集的都是影响中国政治史、文学史、思想史的人，那么曾巩一家入围六人则更加非同寻常。其实呢，中进士这件事，曾家本来是有传统的。从曾巩他爷爷那一辈起到曾巩，仅这三代人七十多年间就出了 19 名进士。曾巩祖上世代为儒家学者：祖父曾致尧是北宋开国后南丰第一个进士，官至礼部郎中、户部郎中；父亲曾易占同样进士出身，做过太常博士。曾易占在泰州府任如皋县令时把曾巩带在身边，使曾巩深受如皋学风的浸染。曾巩天资聪慧，且勤学苦读，博闻强识，少年成名。那么问题又来了，既然如此优秀为什么曾巩考了二十年才中呢？

前面这两个问题的答案其实是一样的，因为那一年的主考官是欧阳修。并非欧阳修偏袒弟子门生，而是他接过古文运动的大旗，力主科举改革，摒弃时人华而不实的骈文癖，提倡言之有物的新文风，坚持考策论，所以他选出来的人都是既有才华又务实肯干的人。曾巩恰恰是深受韩柳一脉影响的学子，诗文质朴，不刻意修饰。在欧阳修之前，这样的文风不可能被重骈文的考官看中。曾巩曾在《简翁都官》中说："自有文章贞杞梓，不须雕琢是璠玙。"这种思想也受到后世很多追随者推崇，如清代曾任刑部尚书、翰林院掌院学士，文风有曾巩神韵的书法家梁诗正，曾以行书抄录曾巩这两句诗，该墨迹在 2020 年"山高水长——唐宋八大家主题文物展"中列展。

曾巩晚中进士还有另一方面的个人原因。尽管世代为官，但曾巩的成长之路并不顺利。曾巩排行老二，父亲、大哥不管家事，所以家里的一切事情均由曾巩操持，十几个兄弟姐妹的生活、教育他也要管，没时间复习备考也是事实，所以后来才有一门六进士的井喷式中第。就在他第一次随父进京那一年，父亲因受人排挤诬陷而罢官，这件事无论在生活上还是精神上对曾巩的打击都很大。二十六七岁的时候，祖母过世后曾巩得了肺病。去滁州探望欧阳老师两个多月前，曾巩的父亲刚刚过世。父亲的去世对曾巩的打击更大，到老师那里寻求精神抚慰大概也是他滁州之行的原因之一。

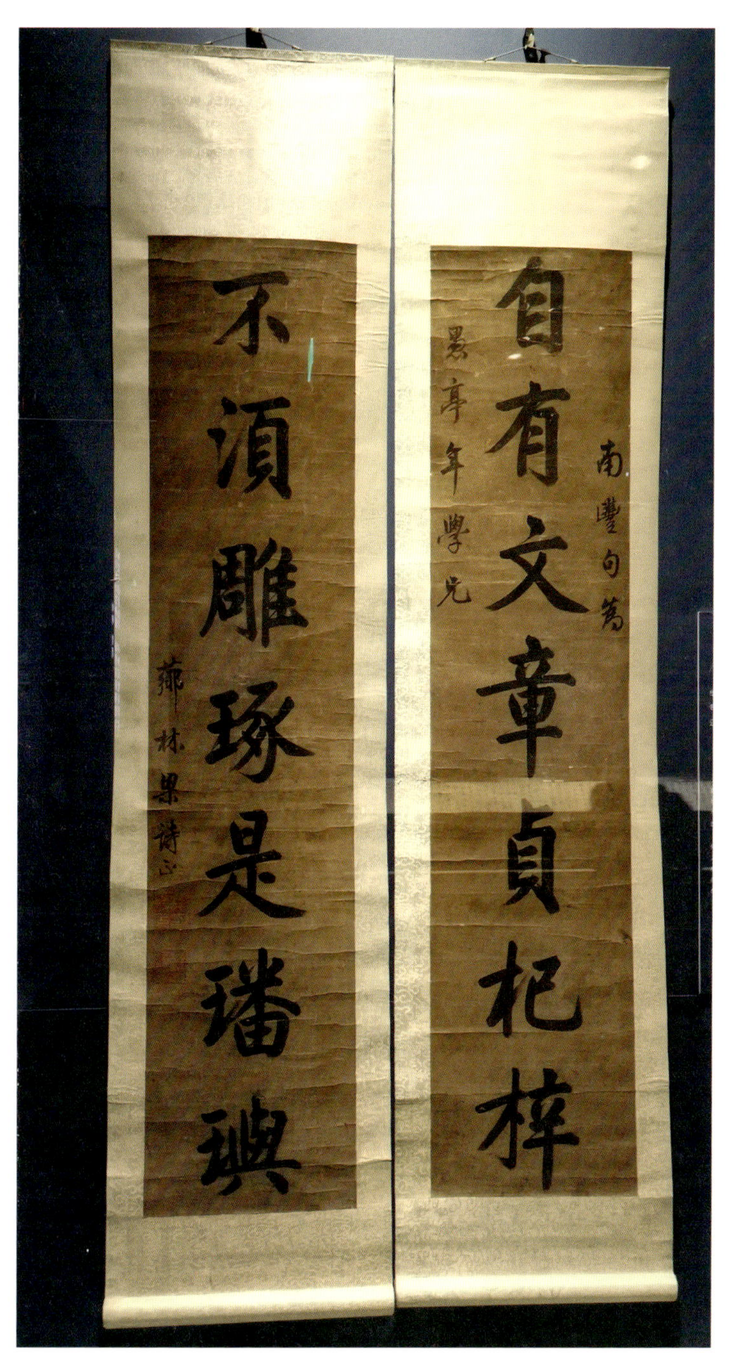

〔清〕梁诗正行书曾巩《简翁都官》诗联，辽宁省博物馆藏

心系天下黎民的精神传承

诚然，个人得失事小，天下治平事大。正如前面我们所说，治国平天下才是儒家的最高理想，甚至诗文都在其次。即便如此，曾巩的散文创作也达到了一个高峰，他是北宋诗文革新运动的积极参与者，他的文章温醇简练，结构严谨，穷究事理，平正古雅，对后世影响很大，明清两代著名作家都将其作品奉为典范。

进士及第后，曾巩由太平州司法参军开始，历任齐州、襄州、洪州、福州、明州、亳州、沧州等地知州，后受到神宗赏识，任三班院勾判，因为学识出众又任史学修撰等职，最后官至中书舍人。在后半生二十几年的时光里，宦海沉浮，起起落落，但他在每一个职位上都是一丝不苟、谨言慎行，始终保持着一颗“醒心”。二十九岁那年的醒心亭之会，更像一次传灯之会。而醒心亭传灯十年后作《拟岘台记》，则是曾巩对“醒心”进行深刻领悟之后的再阐释。《醒心亭记》中提出了一个问题，“一山之隅，一泉之旁，岂公乐哉？乃公所寄意于此也”，这里“寄意于此”的“此”到底是什么，彼时的曾巩并未明确，而答案就在十年后的《拟岘台记》中，“君既因其土俗，而治以简静，故得以休其暇日，而寓其乐于此”。

曾巩体恤民情，为了维护百姓利益，他在简政安民的同时坚持扫黑除恶，甚至说他优化营商环境，并发动群众构建治安联防体系，也不为过。熙宁四年（1071），五十三岁的曾巩调任齐州知州。他到了那里听说有黑恶势力为非作歹，当即收集证据，严惩恶霸豪强。随后他又发现齐州“两抢一盗”[⑦]案件高发，便命人更新户籍数据库，在每家门前悬挂一面鼓，一旦发现了盗匪立即击鼓示警，召集周围群众合力围歼盗匪。盗匪如果自首，奖励其银两布匹。不久之后，齐州社会面貌一新，人们安居乐业，经济复苏。五十九岁的时候，曾巩以龙图阁直学士知福州兼福建路兵马钤辖。此前当地官府每年靠贩卖蔬菜能有一笔可观的收入，但是这些钱可能会不受监督地落入官员个人腰包，而且还有搞垄断经营的嫌疑。曾巩知道后说：“太守与民争利，可乎？”这种做法就此杜绝了。他所工作过的地方，百姓都评价他有才学、施德政。[8]

从当年科考的作文《刑赏忠厚论》到入职司法参军，再到做地方官时坚持扫黑除恶、强化治安管理，我们熟知的文学家曾巩其实是一位非常优秀的政法干部。

曾巩当年的同科进士、老同学苏轼离开他的生死之地黄州前一年，也就是元丰六年（1083）初夏，曾巩病逝于江宁府，享年六十五岁。翰林学士、太子少傅韩维作《宋大儒曾巩神道碑》碑文，文中认为，曾公主管中央教育文化事务，再现了上古三代的遗风；与欧阳公文正、荆公介甫一道倡导雅正文风，使大宋文章炳然与汉唐同光。曾巩的《拟岘台记》也激励了无数后辈，晚清重臣，被誉为“半个圣人”的曾国藩对曾巩的《拟岘台记》喜爱有加，咸丰二年以行楷大字书写全文，由曾巩故土江西抚州乡绅摹刻上石。曾国藩勤于书艺，以写字修炼心性品格，他的字我以为有“三气”：大气、正气、书卷气。这样的字配曾巩心怀天下的文，刚刚好。

曾国藩在日记中写道：“抚州绅士刻余所书《拟岘台记》，共刷来八份，

〔清〕曾国藩行楷书曾巩《拟岘台记》初拓全本册页（部分），辽宁省博物馆藏

兹寄五份回家。澄弟一份，沅弟一份，纪泽一份，外二份送家中各位先生。暂不能遍送也。”[⑨] 我们今天有幸可以见到当时的初拓全本曾国藩书《拟岘台记》册页，辽宁省博物馆藏，也曾在“山高水长——唐宋八大家主题文物展”中展出。

注释

① 宋人朱弁在《曲洧旧闻》中所言，见于《中吴纪闻　曲洧旧闻》，上海古籍出版社 2012 年版。

② 欧阳修《答陈知明书》曾谈及此事，见于《宋本欧阳文忠公集》，国家图书馆出版社 2019 年版。

③ 引自朱熹《朱子考欧阳文忠公事迹》，见于《欧阳修全集》，中华书局 2001 年版。

④ 引自宋人徐度《却扫编》，见于《宾退录　却扫编》，上海古籍出版社 2012 年版。

⑤ 引自曾巩《上欧阳学士第二书》，收入《曾巩集》，中州古籍出版社 2010 年版。

⑥ 参见王连旗《北宋嘉祐二年进士研究》，河南大学博士论文，2011 年。

⑦ 两抢一盗，现代治安管理和刑事司法上指抢劫、抢夺和盗窃三类多发性侵财案件。

⑧ 有关事迹见于《宋史・曾巩传》。

⑨ 唐浩明编《曾国藩日记》，岳麓书社 2015 年版。

自放于山水之间

宋神宗熙宁四年（1071）六月，北宋大文学家、政治家曾巩由越州通判调任齐州（今山东济南）知州。熙宁六年二月，又调襄州，齐州人民得知曾巩即将离去的消息后很伤心，竟然要“绝桥闭门”挽留他，据说曾巩是在夜色中悄然离去的。[①] 齐州真是一个好地方！善良淳朴的齐州人民没能留住他们深深爱戴的曾巩，却迎来了另一位当世大家——苏辙。曾巩是春天离去的，苏辙夏天就来了。

他首先是一位学者

苏辙的父亲是苏洵，哥哥是苏轼。仁宗年间，父子三人游学东京，在欧阳修的赏识和推荐下，他们的文章很快闻名京城，文人学士争相传诵仿效。今天我们提起“三苏”，多数人想到的是他们的精彩诗文，这当中多半还是关乎苏轼。实际上当时“三苏”在思想、学问上的影响并不亚于诗文，那时文章的含义远大于文学，它还可以涉及政治、历史、哲学等多个范畴。

苏洵放弃科举之后潜心治学，博古通经，成为当世大学者，后来受命为国家编纂史籍。苏轼、苏辙兄弟不仅继承家学，而且加以发展，形成了著名的“三苏蜀学”，作为北宋一大学派，与当时被尊为官学的“荆公新学”、后来衍生出程朱理学的“二程洛学”构成三足鼎立之势。“三苏”当中，苏辙的学术著作也是相当丰富的。其传世之作按照传统的经史子集分法包括：经部《诗集传》20 卷、《春秋集解》12 卷，史部《古史》60 卷，子部《龙川略志》10 卷、《龙川别志》2 卷、《老子解》2 卷，集部《栾城集》及《后集》《三集》《应诏集》共 96 卷。

可以说，苏辙的学术成就是丰富多彩的北宋学术史中不可或缺的篇章，历代学人也都对他很重视。南宋大儒朱熹尽管曾批判蜀学，但是依然从蜀学中借鉴吸纳了很多东西，他曾对苏辙的《诗集传》给予充分肯定[②]，认为苏辙的《古史》考据精当、议论极好，在其《朱子语类》《四书章句集注》中，对苏辙的学术观点多有征引。[③]

命途多舛的诗碑

自熙宁六年（1073）夏，时年三十五岁的苏辙由陈州学官改任齐州掌书记，到熙宁九年（1076）十月任满离开齐州，苏辙在齐州宦居三年多。这期间，苏辙留下的诗文数以百计，除了一些次韵、唱和、寄赠之作外，其中题咏齐州风物的诗歌作品多达数十首。熙宁八年（1075）春末夏初，苏辙出访泰山，途中到向往已久的长清灵岩寺打卡，并作《题灵岩寺》诗一首。这是一首古体长诗，主要是写诗人所见灵岩寺周边景色、自己拜见高僧的情景，忆当年祖师筚路蓝缕创寺历史，看今朝环境清幽条件改善，

清拓苏辙楷书《题灵岩寺》诗碑，辽宁省博物馆藏

僧人自得其所、静心修行。

然而，大诗人、大学问家苏辙的题诗似乎并没有在灵岩寺产生什么反响。直到元丰二年（1079），苏辙向友人鲜于侁谈及此事，鲜于侁让苏辙重新书写旧作交付灵岩寺僧，寺僧这才刻石立碑。鲜于侁时任京东西路转运使，而齐州当时正好处于京东西路管辖之下。上级领导说句话，灵岩寺方面还是给了面子。刻是刻了，但不知是寺里僧人没有足够重视，还是有人觊觎苏辙的诗文书法，反正这块碑没过多久就不知去向了。

我们今天乍一看，有点不好理解，怎么彪炳史册的“唐宋八大家”之一、大宋第一梯队的文学家、蜀学创始人之一、风格自成一体的书法家，后来官至副宰相的苏辙，这么不被小小的长清县灵岩寺风景区办事处重视呢？当我们回到历史中寻找答案，就会不禁为之一惊。

事实上，灵岩寺不仅不小，而且大有来头！灵岩寺始建于东晋时期，得名于朗公和尚，在唐代即与国清寺、栖霞寺和玉泉寺并称为“海内四大名刹”，历代吟咏灵岩寺的诗歌不胜枚举。如在苏辙之后到齐州任职的卞育写诗说：“屈指数四绝，四绝中最幽。此景冠天下，不独奇东州。”④元代王恽说：“中土论名刹，兹山第一岩。地灵连海岱，境胜隔仙凡。”⑤到了明代，文学家王世贞写道：“懒怯灵岩胜，惊看即道傍。天垂孤刹出，地转万峰藏。”⑥灵岩寺在一千多年间备享尊荣，今天仍被誉为山东佛教“五大千年古刹”之一。北宋时，灵岩寺的住持都是由朝廷指派的得道高僧充任。熙宁三年（1070），赐紫僧行详大师怀揣中央的任命书由京城赴任灵岩寺履职时，是当朝宰相王安石携手京城群贤赠诗相送的。“赐紫僧”是什么概念呢？就是皇帝敕赐紫袈裟予有功德之僧，以表其造诣之高与地位之尊。

再看此时游灵岩的齐州掌书记苏辙。书记的工作不过是辅佐州长官完成州内的公文、应酬等事务，属于幕职、属吏，叫苏秘书、苏办事员更合适。另外，在来齐州之前，苏辙在淮阳教育局当教员，他是怎么到淮阳的呢？他本来在朝廷供职，宰相王安石正要重用他，让他在朝廷新设的部门——“制置三司条例司”工作，可是苏辙坚决反对王安石的青苗法。王安石当时可以做皇上一半的主，小苏同志公然唱反调的做法让王相国非常恼火，是皇上拦着才没有治他的罪。苏辙主动提交辞呈要求外放，于是他这才到了淮阳，相当于贬谪。面对这样的身份、地位、处境，灵岩寺方面的反应大概就可以理解了。

碑丢了，但我们今天在辽宁省博物馆可以看到拓片。清拓苏辙楷书《题灵岩寺》诗碑，见于2020年“山高水长——唐宋八大家主题文物展”。那这拓片怎么来的呢？原来，刻碑佚失近半个世纪之后的靖康初年，时任灵岩寺住持为一代高僧净如，他偶然得到了苏辙书于元丰二年的墨本，于是重新摹勒上石，就是今天依然镶嵌在寺内的那块碑。诗后有空明居士跋，记载了题诗刊石的经过。

说到这儿，我们不妨回过头来再读苏辙的这首诗，读到最后四句，你会觉得颇为耐人寻味，“一念但清凉，四方尽兄弟。何言庇华屋，食苦当如荠”。烦躁吗？心静自然凉。寂寞吗？四海之内皆兄弟。与其说这是在描写僧人生活，毋宁说是苏辙的自况，这是与其兄极其相似的淡泊与豁达之境。从前途大好的京官到无人问津的地方小吏，这是自己的选择，没什么好抱怨的，生活上是会吃一点苦，这又有什么呢？藜藿之羹唐尧吃过，孔子也吃过，我苏辙吃一吃又有何不可？几年之后，被撤职留用的苏辙在筠州作《黄州快哉亭记》，他在文中表达了这样的心境：人生在世，如果安放不好本心的位置，到哪里不会愁苦呢？心胸坦荡，平静无惧，不因外物变化而伤害本性，那么身处何方不会感到快乐呢？那么如何才能做到不因外物变化而伤害本性呢，其诀窍就是“自放于山水之间”。

众所周知，当时北宋政坛围绕变法问题打得不可开交，两方博弈几十年，革新派以王安石为代表，守旧派以司马光为代表。目睹这一切并置身其中的苏辙既然和王安石闹翻了，那么他应该是司马一派的吧？极有个性的苏辙反对过王安石，也反对过司马光。是的，不站队，只坚守真理，这就是苏辙。其实苏辙曾经不止一次怼过皇上，怼宰相太平常了。

回头来看看，王安石的那首赠别赐紫僧行详大师的诗又是怎么写的呢？据清人唐仲冕《岱览》，王安石《诗送灵岩法师》原诗如下：

灵岩开辟自何年，草木神奇鸟兽仙。
一路紫苔通窅窕，千崖青蔼落潺湲。
山祇啸聚荒禅室，象众低摧想法筵。
雪足莫辞重跗往，东人香火有因缘。

诗中以神话传说为依托，把灵岩寺想象为一个曲径通幽的仙居所在，别有韵味。王安石的好诗当然有很多，但就事论事地说，与苏辙的《题灵岩寺》相比，此诗尽管不失华美、不输气势，但这些华丽的修辞告诉我们这显然是一首应酬之作，少了深层次的思考或感悟。

一个时代结束了

苏辙重书《题灵岩寺》十年之后，也就是元祐四年（1089），已升任吏部尚书的苏辙出使辽国，曾在辽惠州（今辽宁建平）停留，并写了四首诗寄给苏轼，不仅讲了沿途见闻、契丹风情以及出使感受，还欣喜地告诉兄长，很多胡人也是“坡粉”。[7] 无论在文学史还是在民族史上，这都是

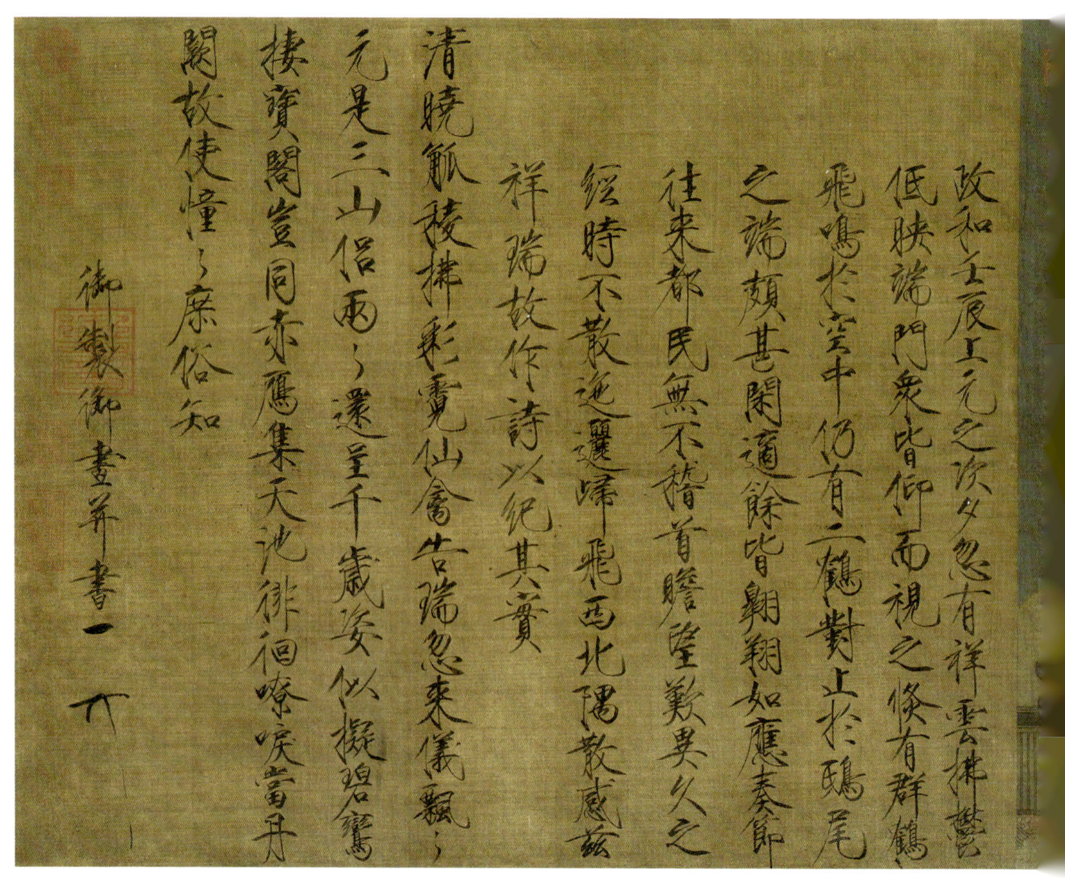

宋徽宗赵佶《瑞鹤图》卷，辽宁省博物馆藏

值得关注的一笔。

回朝后，苏辙在元祐五年（1090）被任命为龙图阁直学士、御史中丞。两年后苏辙拜尚书右丞，进门下侍郎，也就是名副其实的副宰相。在那四年前（1086），打了一辈子的王安石和司马光已经于同年去世，但是新旧之争仍然没有结束。三年后的 1093 年，高太后去世了，哲宗次年亲政，重新起用新党，旧党又纷纷被拿下，跟王安石拍完桌子拂袖而去的苏辙此时又被视为旧党，首当其冲被打压，先后谪居汝州、筠州、雷州、循州等地。

徽宗即位，面对危机四伏的江山意欲励精图治，表示又要全面恢复熙

宁新政，苏辙奉诏回京。然而不幸的是，苏轼这一年在常州病逝，带着临走没有见到弟弟的遗憾离去。苏辙得知噩耗，在悲痛中为其撰写了祭文。苏辙此时已无意官场，上书请求归隐许州，宋徽宗批准了。因居于颍川之滨，苏辙自号“颍滨遗老”，此时当年意气风发游东京的三父子只剩下他自己了。晚年的苏辙终日读书著述、静坐禅修，谢绝一切应酬，绝口不谈政事，将一生所感寄托于诗文之中。

公元 1112 年春节过后，东京的天空出现了一幕奇异的景象：在云气飘渺中，一群仙鹤鸣叫着飞舞于皇宫上空，还有两只竟落在宫殿左右两个高大的鸱吻之上，群鹤盘桓良久方才离去，迤逦而行飞往西北方向，直到消失。宫殿之中的宋徽宗恍然了，难道这是国运兴盛之预兆？这位被当皇帝耽误了的艺术家不会知道，颍川之滨的苏辙将要去世了。

一个告老隐居的旧臣死去，能是什么大事？宋徽宗想不到也不可能想到的是，作为“唐宋八大家”的“宋六家”中最年轻也是最长寿的一位，苏辙的去世标志着一个时代结束了，一个看似辉煌的时代，结束了。

注释

① 相关事迹见于《元丰类稿》附录《行状》，收入〔宋〕曾巩《元本元丰类稿》，国家图书馆出版社 2018 年版。

② 参见刘晓雪《苏、朱〈诗集传〉比较研究》，黑龙江大学硕士论文，2011 年。

③ 参见刘茜《朱熹对苏辙〈春秋〉学思想的继承与发展》，载《江淮论坛》2020 年第 5 期。

④ 出自〔宋〕卞育《留题灵岩寺》，收入《全宋诗》，北京大学出版社 1998 年版。

⑤ 出自〔元〕王恽《灵岩寺二十六韵》，收入《全元诗》，中华书局 2013 年版。

⑥出自〔明〕王世贞《游灵岩寺十二韵》，收入《王世贞全集 弇州山人四部稿》，上海古籍出版社2020年版。

⑦参见王文科《论苏辙的使辽诗》，载《河南大学学报》(社会科学版)2015年第2期。

秀逸浑厚皆通达

2013 年，我去皖南采风，有一个重要的打卡地就是呈坎。因为那之前就听说，南宋理学家朱熹曾赞其为“呈坎双贤里，江南第一村”。呈坎位于世界自然和文化遗产——黄山风景区的南麓，今属安徽省黄山市徽州区，原名龙溪，俗称“八卦村”，始建于东汉，距今已有 1800 多年历史，现拥有国家级重点文物保护单位二十余处，多明清建筑。于我而言，最大的收获莫过于瞻仰了明董其昌《彝伦攸叙》匾额。

邂　逅

当时是 9 月，皖南正值酷暑时节。那个下午，已经在岩寺镇逛了一身汗的我坐着汽车奔赴呈坎。记得路过潜口之后不久，有一段路并不宽，好像被旁边的山坡和茂密的树木遮蔽了，顿时感觉凉爽起来。很快就到了村口，我眼前又一下子开阔明亮起来——一大片宽阔的池塘，莲叶接天，荷花映日，荷塘的另一面就是粉壁灰瓦马头墙的村落。在民宿放下背包，我就迫不及待地赶去拜谒被誉为“江南第一名祠”的罗东舒祠。

罗东舒祠，全称贞靖罗东舒先生祠，明嘉靖年间，罗氏族人为供奉其先祖罗东舒先生而建造。祠堂坐西朝东，规模宏大，营造精细，其建筑融古、雅、美、伟于一体，是徽州古建筑的典范之作。罗东舒，是宋末元初的著名学者。罗东舒年少博学，聪颖过人，但及至成年一直隐居乡间，以耕作读书为乐。他宅心仁厚，多有善举，赢得了“黄鲁直之才”和“欧阳永叔之贤”的美誉，时人都尊称他为东舒先生。

江南徽派建筑，不像北方建筑设有大面积的院落，尽管整个祠堂有四进深，但是感觉特别紧凑。所以当我穿前天井过仪门，跨入第三进院子的时候，还是被仰头才隐约可见全貌的享堂惊了一下。那种在不太宽敞的处所拔地而起的宏伟气势，似乎不容置疑、无可争辩地显示出它的威严。享堂正面是 22 扇高大的木格子门，天棚梁架重叠，结构繁复严密。享堂里，有四根金丝楠木的巨大柱子通顶而立，直径超过一米。正中照壁上方，垂挂着一块巨型匾额，上书“彝伦攸叙”，落款“董其昌书”。[①] 我顿时又一惊，真没想到，竟然在这样一个小村子里遇见了董其昌！

〔明〕董其昌榜书《彝伦攸叙》匾，安徽呈坎罗东舒祠藏

实际上，作为北方人，我看惯了阔大宽广的宫殿庙宇，所以并没有意识到罗东舒祠的规制实际上已经远远超出了普通祠堂。比如，正常江南祠堂仪门与享堂之间是天井，罗东舒祠将其扩为庭院。再如，罗东舒祠前面

还比普通祠堂多了棂星门，起初门套上悬挂的是“贞靖罗东舒先生祠”木牌，所谓“贞靖”就是表彰纪念罗东舒甘于寂寞隐居乡间不肯仕元的骨气，元朝统治者曾经下诏招抚他入朝做官，许以厚禄，他婉言拒绝了。据罗氏族谱记载，该祠始建于嘉靖初年，至嘉靖十九年（1540），“后寝几成，遇事中辍，因循垂七十年，危至圮坏”。直到万历四十年（1612），罗氏后人罗应鹤重新开工，历时五载才告竣。[②] 这样算来，该祠堂的修建总共历时近百年。

据罗氏后裔推测，期间停工 70 年很可能是与后寝的建筑规格有关。该祠堂的后寝正面一共有 11 个开间，其中在 9 个开间的彩绘中，使用了当时禁止民间使用的黄色；此外，后寝大殿上的透雕“鳌鱼吐水”，鳌鱼的鱼头被雕成了龙头，这也触犯了朝廷的规定。

主持建此祠的罗应鹤为明万历朝监察御史、大理寺丞，甚得皇帝宠信，那么续建此祠堂想必是得到了皇上的首肯和支持。明推翻了元的统治，对罗东舒这样的贞靖之士予以表彰也是有重要的政治意义的，那么由董其昌来题匾也就很好理解了。

探　幽

“彝伦攸叙”四字出自《尚书·洪范》：“鲧则殛死，禹乃嗣兴，天乃锡禹洪范九畴，彝伦攸叙。”这是儒家的一种理想的社会状态，希望美好的事物各就其位，遵循规律顺利运行，伦常有序，生生不息。这块匾长 6 米，宽 2.25 米，被誉为“中国古匾之王”“天下第一匾”。

享堂极为宽敞，族人不仅可以在这里祭先拜祖、商讨议事、举行庆典、执行族规，还可以在这里展示族谱、圣旨、官诰、御赐珍品以及接待地方官员，宴请嘉宾贵客等。祠中碑刻记载称：“寝因前人草创，益之以阁，用藏历代恩纶。”一些御赐器物今天依然陈列于第四进后寝大殿宝纶阁之中。

由此可见，这个祠堂太不一般了，不仅规制严重超标，还请来当朝炙手可热的名家书写匾额，而且一写就这么大！

〔明〕曾鲸、项圣谟合绘《董其昌小像图》页，上海博物馆藏

后人评说董其昌的书法兼具“颜骨赵姿”，可以说董其昌是集古法之大成，“六体”和“八法”在他手下无所不精，在当时已“名闻外国，尺素短札，流布人间，争购宝之”[③]。清人王文治在《论书绝句三十首》中评价董其昌的书法说：“书家神品董华亭，楮墨空元透性灵。除却平原俱避席，同时何必说张邢。”[④]董其昌字玄宰，号香光居士，为松江华亭（今上海市）人，故人称董华亭。“平原”是颜真卿，“张邢”是明代同时期的书法家张瑞图和邢侗，意思是“二王”以降的书法除了颜真卿就是董其昌了。后两句可能有过誉之嫌，前面所说“楮墨空元透性灵”还是中肯的，董其昌书法公认为秀逸爽俊、萧散简远。

董其昌卒于 1636 年，八年后明朝灭亡。清人学书，往前数，离他们最近的大家就是董其昌了，清初书坛基本被董氏遗风所笼罩。甚至康熙都极为推崇董其昌，他的书法老师沈荃就是学董的名家。于是董书风靡一时，成为馆阁体的模板，参加科考的士子都摹写带有董氏标签的馆阁体。这样一来，大部分人不求甚解，以讹传讹，只学了个形似，没有神和骨，只剩下空、飘这样的感觉。包世臣、康有为等人还曾激烈批评董书。康有为《广艺舟双楫》云：“香光虽负盛名，然如休粮道士，神气寒俭。若遇大将军整军厉武，壁垒摩天，旌旗变色者，必裹足不敢下山矣。”于是后人对

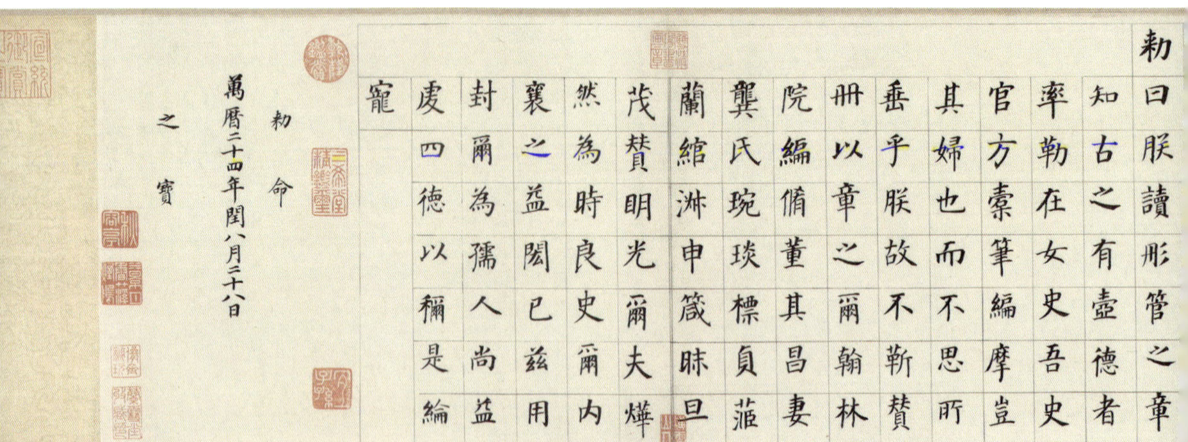

〔明〕董其昌楷书《自诰身帖》卷，辽宁省博物馆藏

董书误解愈深，认为董其昌无骨，就是妍美、软媚，实则不然。

董其昌崇尚天真平淡，所以他自谓“吾书往往率意”，讲究“虚和”，强调“不欲使一笔实”，这些是事实，但是成熟风格的形成是建立在大量探索实践基础上的，因为他“实”过，所以才知道怎样“虚”是恰到好处，如果你直接学他的“虚”那就真的虚了。董其昌在他的《画禅室随笔》中自述学书经过说：“初师颜平原《多宝塔》，又改学虞永兴，以为唐书不如晋魏，遂仿《黄庭经》及钟元常《宣示表》《力命表》《还示帖》《丙舍帖》，凡三年，自谓逼古，……比游嘉兴，得尽睹项子京家藏真迹，又见右军《官奴帖》于金陵，方悟从前妄自标评……”如此广博涉猎，而且是以腴润方折、秀雅刚劲的颜氏《多宝塔》碑版起步，不太可能学到最后只剩妍美、软媚。事实也是如此。

2018 年，辽宁省博物馆中国古代书法展（第一期），曾展出馆藏董其昌楷书《自诰身帖》。当时，四十二岁的董其昌在湖南收到两次来自皇帝的诰封，分别给他和他的父母封官。一赐他的父亲董汉儒为文林郎，母亲沈氏为孺人；二赐董其昌本人为文林郎，妻龚氏为孺人。董其昌自然非常开心，用大字楷书把皇上的诰封从头到尾认真抄写了一遍。今天可见都一

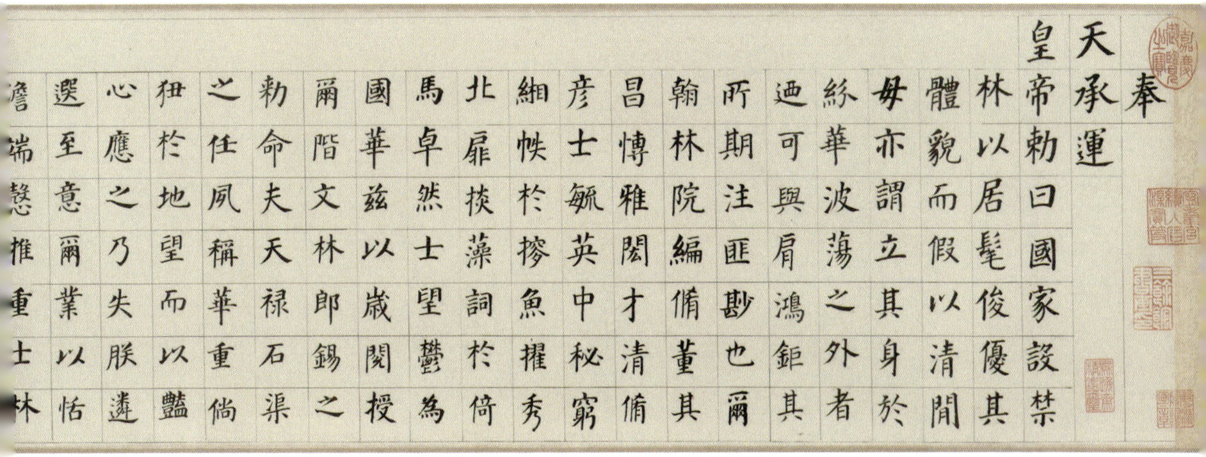

并装裱在手卷中的，还有后来乾隆皇帝的御笔跋。董书用笔自然有势，结字精微紧密，远观淡雅虚静、意境高远，近看平和简劲、骨力内蕴，绝不是所谓的妍美软媚。另外，北京故宫博物院所藏《董其昌楷书储光羲诗轴》《董其昌楷书杜诗轴》及天津博物馆所藏《董其昌楷书五古诗轴》均可见董书颇具结字宽博外张之势，点画浑厚，笔法劲健，字行之间疏朗匀称，从中可窥其书法深受颜真卿的影响。

通　达

今观瞻董其昌罕见的大字榜书“彝伦攸叙”，笔力雄健，韵味浑厚，悬于广堂依然气势磅礴，这绝非妍美软媚者能为之，反而与端雅舒展、寓巧于拙象征着大唐气象的颜碑有相通之处。那么什么是榜书呢？“榜”字本身有匾额之义，榜书起初就是指悬挂于宫阙门额上的牌匾所用的字体，后泛指书写招牌一类的大型字。东汉许慎《说文解字·叙》称：秦书有八体，其中第六即“署书”。清代段玉裁注曰：“凡一切封检题字，皆曰署，题榜曰署。”所以榜书起初也叫署书。匾额字体要笔画均匀，像划分了框格一样，因此榜书又叫“擘窠大字”，擘就是划分，窠就是框格。

有人认为榜书就是把字写大，是不对的。大，只是榜书的必要不充分条件。清代学者、书法家、书法理论家包世臣曾经在《艺舟双楫》中论述过这个问题，他说：

古人书有定法，随字形大小为势。武定《玉佛记》，字方小半寸；《刁惠公》《朱君山》，字方大半寸；《张猛龙》等碑，字方寸；《郑文公》《中明坛》，字方二寸；各碑额，《云峰山诗》《瘗鹤铭》《侍中石阙》，字方四五寸；云峰、岨崃两山刻经，字皆方尺；泰山刻经，字方尺七八寸。书体虽殊，而大小相等，则法出一辙。至书碑题额，本出一手，大小既殊，则笔法顿异。后人目为汇帖所迷，于是有《黄庭》《乐毅》展为方丈之谬说，此自唐以来，榜署字遂无可观者也。[⑤]

“大小既殊，则笔法顿异”，这是理解榜书的关键。为什么笔法顿异呢？因为榜书的功用和普通书法不同，作为建筑景观的一部分，它已经超出了平面美学的范畴，成为三维空间艺术。与小字都不在一个维度了，那么其笔法、字法、章法就完全是另一套书写体系了。

话说回来，如果真的能够像写小字那样写出擘窠大字，那么其书法水平一定是登峰造极了。因此包世臣又说：“大字如小字，惟《鹤铭》之如意指挥，《经石峪》之顿挫安详，斯足当之。”《经石峪》即泰山《经石峪刻石》，在泰山斗母宫经石峪的缓坡石坪上，镌刻着半部《金刚经》，名《泰山佛说金刚经》，系北齐时期留下的遗迹，又被称为《经石峪刻石》。该刻石字径平均在50厘米左右，其中大部分高约35厘米，宽40–60厘米。刻石总面积约2064平方米。《经石峪刻石》被称为“大字鼻祖”“榜书之宗”，是我国现存规模最大的佛教摩崖刻石之一。

如此壮观奇伟的榜书大字，是什么人书丹的呢？这件事自明代开始就众说纷纭，直到20世纪80年代末90年代初，有关专家学者经考证研究确定，泰山经石峪刻经书丹人为僧安道壹。[⑥]安道壹史料记载不多，是一

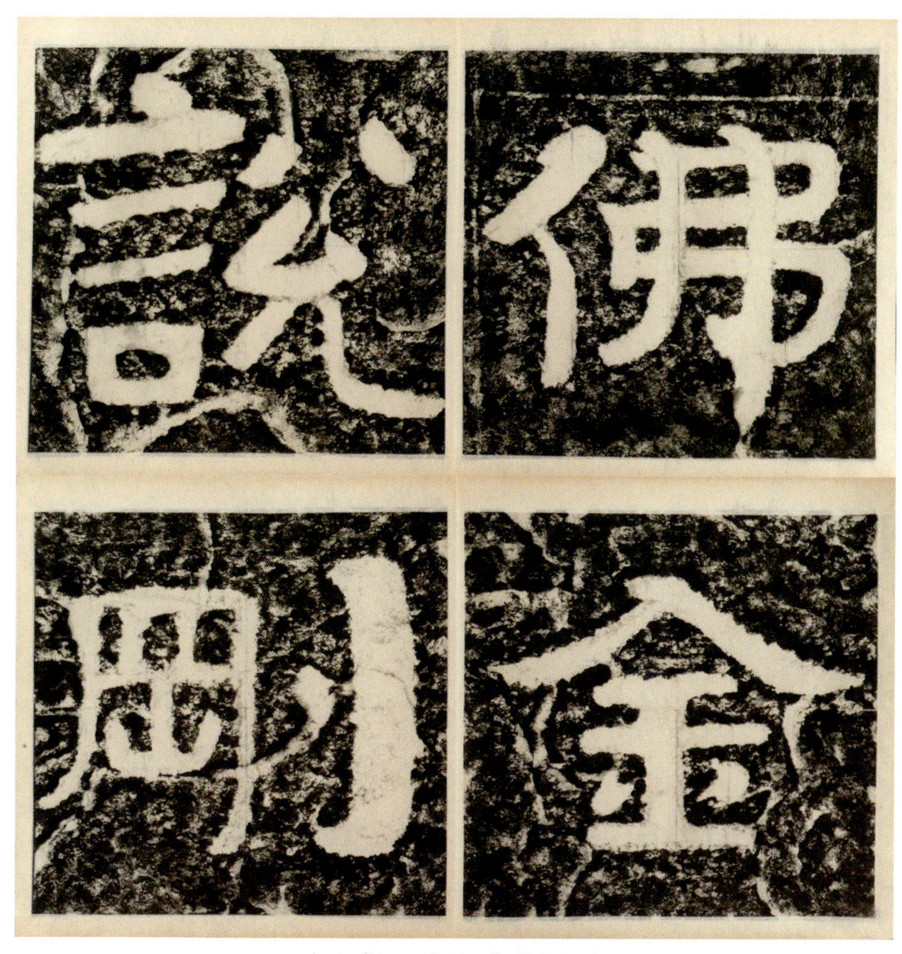

泰山《经石峪刻石》单字拓片

位长期被遮蔽的高僧和书法大师。迟至 20 世纪末期，山东东平洪顶山摩崖刻石被发现，22 处石刻中绝大部分为安道壹所作。至此，人们才发现这位隐迹一千多年的书法家，而此前和泰山《经石峪刻石》同样久负盛名的邹城《"四山"摩崖刻经》，也被归为安道壹名下作品，其在榜书大字上的成就令世人震惊，日本书法界甚至认为他可以与几乎同一历史时期的"书圣"王羲之齐名并驾。

之所以在历史上隐迹一千多年，原因想必有很多，但这肯定和安道壹

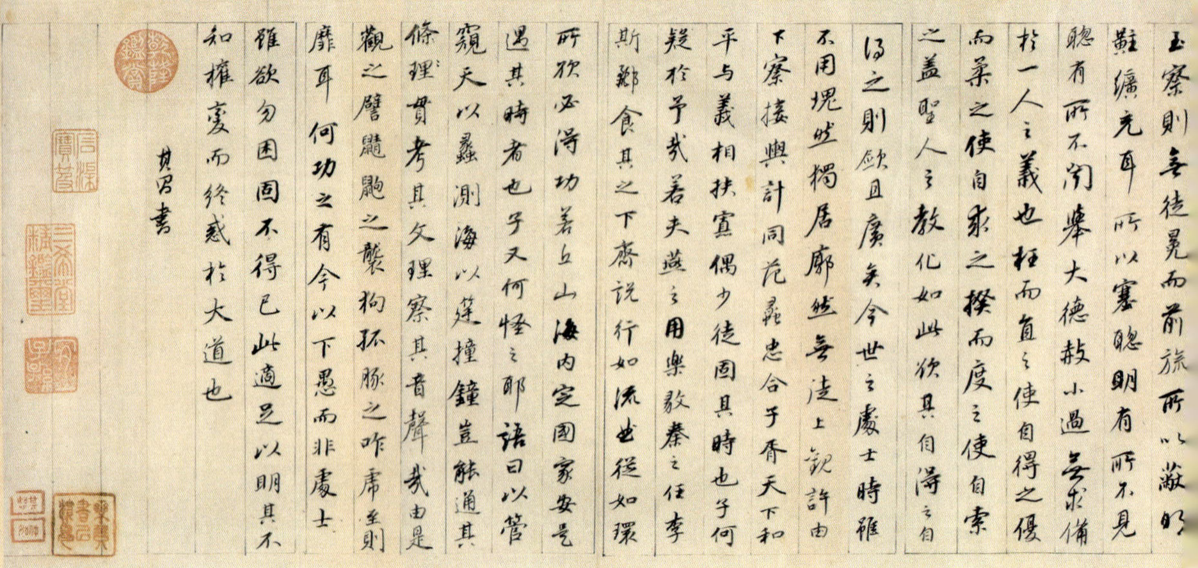

〔明〕董其昌行书《东方朔答客难并自书诗》卷，辽宁省博物馆藏

不慕名利的僧人修为有关。作为得道高僧，他显然不会有当书法家的想法，他只是想弘扬佛法、普度众生。有此大境界，才能写大如小，运笔自如。这是一种省悟，一种通达。

说回到董其昌，他年少博学，做过私塾先生和家庭教师。据说在参加科举考试时，董其昌原本成绩极好，理应是第一名，但发榜时却成了第二名。他不服气，向阅卷老师申诉，结果人家告诉他说，题是答得很好，但是字写得太差，经过专家组讨论商定，降为第二名。董其昌这才开始好好练字，不仅成为一代书家，而且他的字是后来参加科举的考生们争相效仿的模板。

董其昌不只是一位书法家，他仕途通达，左右逢源，特别是能在风云变幻中进退自如。进士及第后授翰林院编修，一度担任皇长子朱常洛的老师，历任湖广提学副使、福建提学副使、河南参政、太常少卿、国子司业、南京礼部尚书、太子詹事等职。从三十五岁走上仕途到八十岁告老还乡，为官 18 年，在野 27 年。和安道壹相似的是，在隐居避世的那些日子里，董其昌修炼成了文化名家、艺术大师。

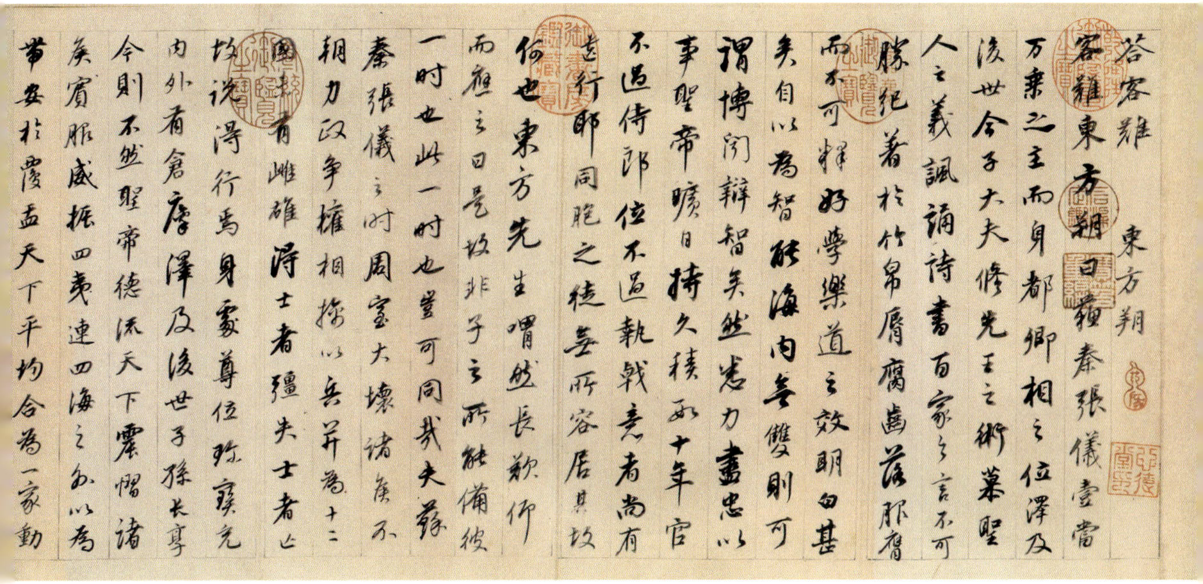

由是观之，董其昌的秀逸与浑厚，正如皖南呈坎古村和隐藏其间的罗东舒祠——江南水乡的钟灵毓秀在外，高阁巨匾的雄伟壮观在内，你单是浮光掠影地看一眼，是感受不到它内里的张力与精神的。辽宁省博物馆藏《东方朔答客难并自书诗》为董其昌晚年佳作，更能体现董其昌的书风——飘逸中含力量，平淡中蕴奇秀。

注释

① 有关建筑布局和特点参见毕忠松、李沄璋、梁燕枫《徽州古祠堂罗东舒祠建筑特色浅析》，载《沈阳建筑大学学报》2014 年第 4 期。

② 据罗东舒祠之罗应鹤《祖东舒翁祠堂记》碑。

③ 据《明史》之《文苑传》，见于〔清〕张廷玉《明史》，中华书局 2015 年版。

④〔清〕震钧《清朝书人辑略》，上海书画出版社 2020 年版。

⑤〔清〕包世臣《艺舟双楫》，浙江人民美术出版社 2017 年版。

⑥ 参见赖非《僧安刻经考述》，收入《北朝摩崖刻经研究》，齐鲁书社 1991 年版。

墨影镌英，说不尽的传奇

2021 年 12 月 28 日，“墨影镌英——辽宁省博物馆馆藏金石拓本展”正式对外开放。历代著名金石拓本汇聚一堂，我按照布展顺序依次观摩。战国石鼓文、秦刻石、《乙瑛碑》、《曹全碑》、《始平公造像》、《孔子庙堂碑》、《九成宫醴泉铭》……然后，我走到一件手卷前，瞬间惊呆了！

手卷并未完全展开，粗略看去，展开部分大体分两段：左侧是一幅山水画，画面左上小篆题“西园雪夜平（评）碑弟（第）六图”，落款“匋（陶）翁尚书命画陈汝玉”，钤“陈汝玉印”；右侧是一幅残石拓片，拓

民国拓《唐张敬因残碑》卷，辽宁省博物馆藏

片一旁题“颜鲁公和州刺史张敬因碑”，落款“丙午十有一月既望陶斋”，钤“端方私印”。端方（1861—1911），姓托忒克，字午桥，号陶斋，满洲正白旗，是清末著名政治人物。他时任直隶总督，按惯例应加尚书衔，故陈汝玉称其为“匋（陶）翁尚书”。颜鲁公就是唐朝著名书法家颜真卿了，官至吏部尚书、太子太师，封鲁郡公，故世称颜鲁公。凭借这些信息便可得出结论，这是一件端方旧藏颜真卿赠张敬因残石拓片题跋装裱手卷。

然而，惊喜不止于此。更让我震惊的是，最右引首处竟然还有一段英文，这是我第一次亲眼见到中国书画上面有英文题跋！我无法辨识、读懂这段手写体英文字迹，但落款处的篆刻名章印文我认得，我瞬间呆住了——“苏慧廉印”！

中国的未来需要耐心

苏慧廉（1861—1935），原名威廉·爱德华·苏西尔，英国知名汉学家、教育家、翻译家，基督教偕我公会传教士。他于光绪七年（1881）来中国，宣统三年（1911）回英国后任牛津大学汉学教授。

晚清时期，中国的大门被西方列强打开，数以万计的西方传教士来到中国，苏慧廉便是其中之一，他在中国生活了三十年。在华期间，苏慧廉完成温州话《新约》的翻译，又将《论语》翻译成英文；他在温州开办艺文女校、艺文学堂，创建定理医院、白累德医院；1907 年至 1911 年，任山西大学堂西斋总教习，清政府为表彰其办学功绩授二品顶戴花翎。在牛津大学任教期间，他翻译了《妙法莲花经》，撰写了《中国佛教术语词典》，指导了一位博士生叫费正清——名震中西的历史学家、汉学家。他为中西文化交流和中国的教育、医疗事业做出了较大贡献。苏慧廉与蔡元培、胡适等中国文化名流多有交往，还曾和胡适一同乘坐火车进入苏联，最后抵达英国。

在当时的中国，苏慧廉不说非常有名望，也是比较活跃的知名社会人士，他显然已经超越了传教士这个身份，执教山西大学堂这个经历就可以说明这一点，他还受聘为华中联合大学的校长，这所学校后来没有办成。

苏慧廉对中国传统文化有着浓厚的兴趣，在牛津期间，他讲授汉学，并于 1925 年、1928 年先后出版《中国与西方：中国交通史大纲》《中国与英国》等书，这些显然和他在中国的工作与生活经历有着紧密的关联。在《中国与英国》的序言中，他写道：“不管我如何评述中国，我都是带着一种对中国和中国劳苦大众的真挚情感。我曾服务于他们，并在他们中间度过了我的半生。中国的未来需要耐心，也需要持续的同情。”无论是研究中国传统文化，还是办教育，这位英国传教士和中国封建王朝的改革派端方，都有着高度的默契和共鸣，两人有交往也就顺理成章了。①

一朝光气满山川，千岁残碑出坑阱

在清末同侪之中，端方算是见过世面的。1905 年，内外交困的清政府为挽救衰颓局面，以“预备立宪”之名派出五大臣出洋考察，端方就是五人之一。回国之后，他和戴鸿慈等人根据从国外带回来的关于宪政的资料，编写出《欧美政治要义》一书，介绍欧美各国的政体或者相关的政治制度。在考察宪政报告中，他们认为“立宪利于君，利于民，不利于官”，但还是主张实行君主立宪。②

在端方身上，我们既可以看到中国传统士人的精神和素养，又可以看到在那个时代与时俱进的眼光和胸襟。代任两江总督期间，端方在南京鼓楼创办了暨南学堂，是今天暨南大学的前身；在任职湖北、湖南巡抚期间，他命令各道、府开办师范学院，并在武昌创办了湖北幼稚园，首开中国儿童公共教育的历史先河；在任江苏巡抚期间，他下令各州县退回照例奉送的红包用以选派优秀青年出国留学。我国最早的几个官办图书馆的创办，如江南图书馆、湖北图书馆、湖南图书馆、京师图书馆，都和端方有着密切关系。端方还曾经请严复帮助他办教育，对其“以宾师之礼相推挹”[③]。可以说，端方是中国新式教育的创始人之一、中国华侨教育的开创者、中国近代幼儿教育的先驱。

在政治身份之外，端方是中国近代著名金石学家、收藏家，收藏历代古玩字画颇丰，他还是中国近代收藏外国文物第一人，其所著《陶斋吉金录》《陶斋吉金续录》《陶斋藏石记》《陶斋藏砖记》《陶斋藏印》五书影响很大。端方的弟弟端锦，时任河南知府，在光绪三十二年（1906）得到了这块颜真卿所书的残石，并送给端方。端方得到这件宝贝非常开心，于是制作拓片，装裱成卷后请张祖翼篆书引首，陈汝玉作《西园雪夜评碑图》，王瓘补图，邀时贤叶德辉、杨守敬、郑孝胥、李维翰、章钰、张祖翼、陈启泰、吴廷锡、吴昌硕、樊增祥、苏慧廉等 40 余人题诗。

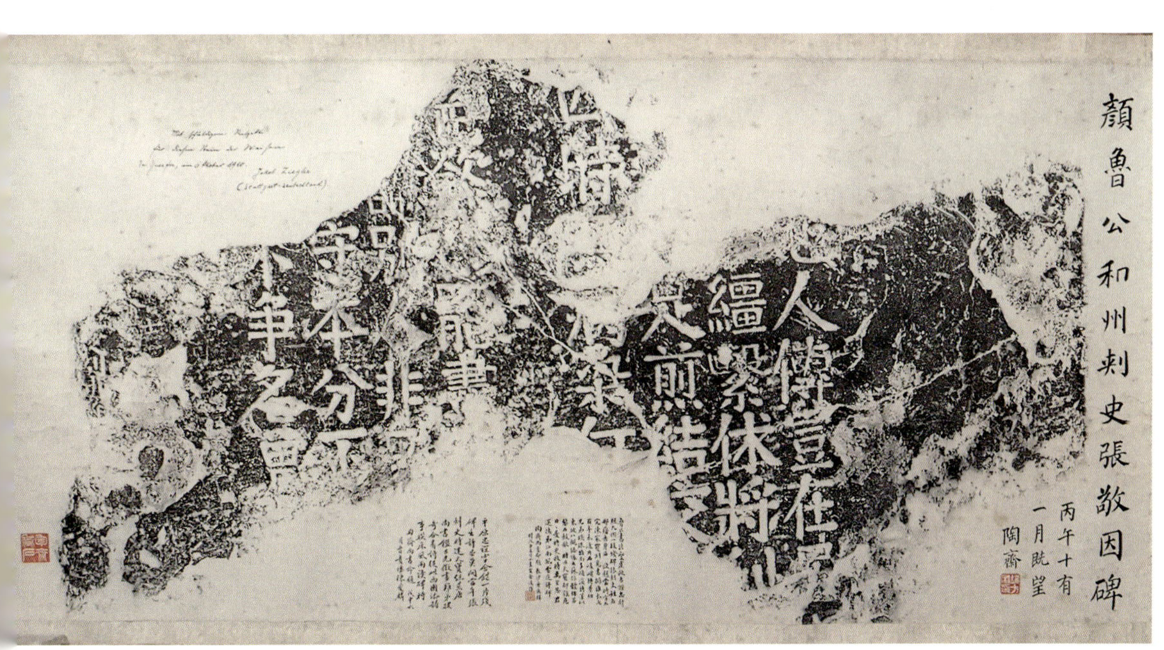

民国拓《唐张敬因残碑》卷（局部）

非常遗憾的是，在辽宁省博物馆此次展览中，该手卷没有完全展开，看不到卷在里面的引首和众多题跋。所幸苏慧廉的题字因紧邻端方的自书题记而得以显露。端方题写的内容是：“家弟匋叔牧许以颜书残石见寄，识为《和州刺史张敬因碑》，《集古录》《金石录》《丛编》《类编》并著于录。《集古录》云碑已残缺，碎为数段，是此碑在宋时已不完，今则仅存此一段耳。公余评赏，并属陈君汝玉为作是图。端方题记。”

从这段题记所述，可知这块碑前人早有著录，为其真实性做了佐证。尽管未见40余人的题跋，但我们从其他文献资料所能知道的是，端方得了这块碑后，陈寅恪的长兄，被称为“维新四公子”之一的陈三立曾作诗一首予以庆贺，发表在1908年《国粹学报》第四卷第十二期上，诗名较长——《陶斋尚书之弟许州牧获出土颜鲁公所书〈和州刺史张敬因碑〉残段三十字，尚书因征题》，全诗如下：

家弟匋叔牧許以顏書殘石見寄識為和州刺史張敬因碑集古錄金石錄叢編類編竝著於錄集古錄云碑已殘缺碎為數段是此碑在宋時已不完今則僅存此一段耳公餘評賞竝屬陳君汝玉為作是圖端方題記

民国拓《唐张敬因残碑》卷（局部）

鲁公书势蛟鼍横，斫剑画椎起人敬。
一朝光气满山川，千岁残碑出坑阱。
摩挲失喜寄青毡，河永江闲夸季孟。
尚书孝友更思贤，岂徒凤墅备搜证。[④]

一石之微，也暗寓着教训

苏慧廉的这段题字，我经过分辨和查找得知，出自莎士比亚名剧《皆大欢喜》，朱生豪先生的译本如下：

我们的这种生活，虽然远离尘嚣，却可以听树木的谈话，溪中的流水便是大好的文章，一石之微，也暗寓着教训；每一件事物中间，都可以找到些益处来。[⑤]

在《皆大欢喜》（As You Like It）第二幕第一场，被弟弟篡位的公爵被迫流亡，他在亚登森林里对他的追随者说了这番话。题字的落款为："山西大学堂，苏慧廉，时在太原府，1910 年 10 月 30 日。"

这件文物其实可以叫作端方旧藏颜真卿赠张敬因残石拓片的，迄今所知还有一件，今藏于北京故宫博物院，网上搜图可见的应该都是北京故宫博物院版本，但都仅仅是碑拓画心部分，未见装裱情况，实物我当然也尚未有机缘观瞻，料想不会有同样

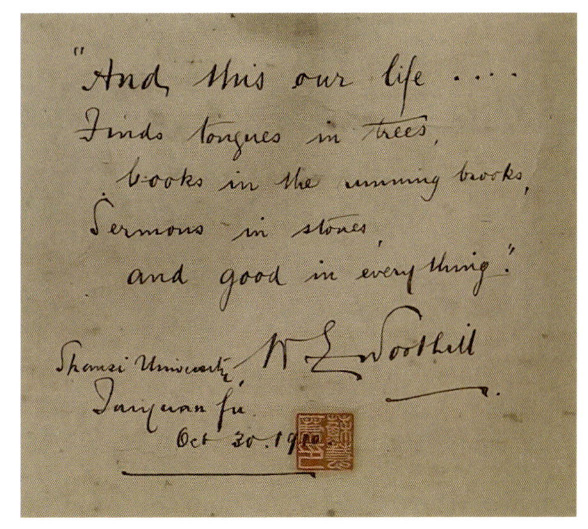
"And this our life ...
Finds tongues in trees,
books in the running brooks,
Sermons in stones,
and good in every thing."
W. E. Soothill
Shansi University,
Taiyuan fu.
Oct 30. 1910.

民国拓《唐张敬因残碑》卷（局部）

的题跋吧。苏慧廉怎么也不会想到，一年以后，他的这位中国知音就将真的“远离尘嚣”，去到他所信奉的主的天堂。

近年来，“端方之死”作为一个历史现象逐渐引起了学界的关注，因为这个事件可以有多种完全不同角度的解读，同时又隐喻了很多问题。我们在这里尽可能只陈述事实，不作评判。

1909 年 10 月，端方奉命筹办慈禧太后梓宫移陵及相关事宜。他在当朝是宫廷礼仪专家，曾多次承担皇室婚丧庆典及陵墓工程相关任务。然而，这次他却栽了跟头。事情的起因是端方安排了两名摄影师全程跟拍慈禧太后的下葬过程，以给后人留下影像资料。这件事被人弹劾，说辞很多，简单说就是大不敬，于是直隶总督职务被免。实际上，新政事件中以他为首的改革派毫无疑问得罪了很多人，因为他们自己都说得明明白白——“立宪利于君，利于民，不利于官”。一年多后，焦头烂额的清廷当权者不得不又请出端方，命其以侍郎衔出任川汉、粤汉铁路督办大臣，入川平息铁路风潮。

铁路风潮又叫保路运动。1911 年 5 月，清政府皇族内阁颁布铁路干线国有政策，将已归商办的粤汉、川汉铁路收归“国有”，并与英、法、德、美四国银行团签订《湖广铁路借款合同》。此举引起罢工、罢市、罢课，拒交捐税等一系列民众反应，四川总督赵尔丰因制造了“成都血案”被撤职。此时端方被派去救火，名为钦差大臣，实则凶多吉少。袁世凯此前还劝过他要慎重行事，但他还是义无反顾地去了。有人说革命党攻进衙门，践行排满大义；有人说，士兵厌倦流离动荡而哗变倒戈。总之，端方以及送给他颜真卿所书残石的弟弟端锦，入川不久即双双被杀。

辰时的生活一定会让人振奋

苏慧廉的长女谢福芸曾经写过端方之死。她说，端方从北京带到四川的军饷被他的部下克扣，并没有完全发放给士兵，但端方本人并不知情，拿不到军饷的士兵恼羞成怒，把刀架在端方脖子上问他要钱要命，端方不肯屈服，于是士兵砍下了他的脑袋。

从另一个角度看，端方其实也是死于自己人之手，我说的自己人不是指底层小兵卒，而是和他持不同政见的同僚和上司。后来的历史证明，保路运动其实是辛亥革命的前奏和助推剂。端方的死，预示着清王朝即将落幕。甚至有研究者认为，正是因为端方入川时奉命带走了湖北新军主力，导致武昌城防空虚，才有了武昌起义的成功。不知端方临死前是否想起了好友苏慧廉在拓片手卷上题写的那段话，不知沉迷金石字画的他是否后悔没有真的远离尘嚣……

国学大师王国维非常欣赏端方的才学，端方死后，曾作古体诗《蜀道难》悼念他：

对案辍食惨不欢，请为君歌蜀道难。蜀江委蛇几千折，峰峦十二烟云间。中有千愁与万冤，南山北山啼杜鹃。借问谁化此？幽愤古莫比。云是江南开府魂，非复当年蜀天子。开府河朔生名门，文章政事颇绝伦。早岁才名揭曼硕，中年书札赵王孙。簪笔翩翩趋郎署，绣衣一着飞腾去。

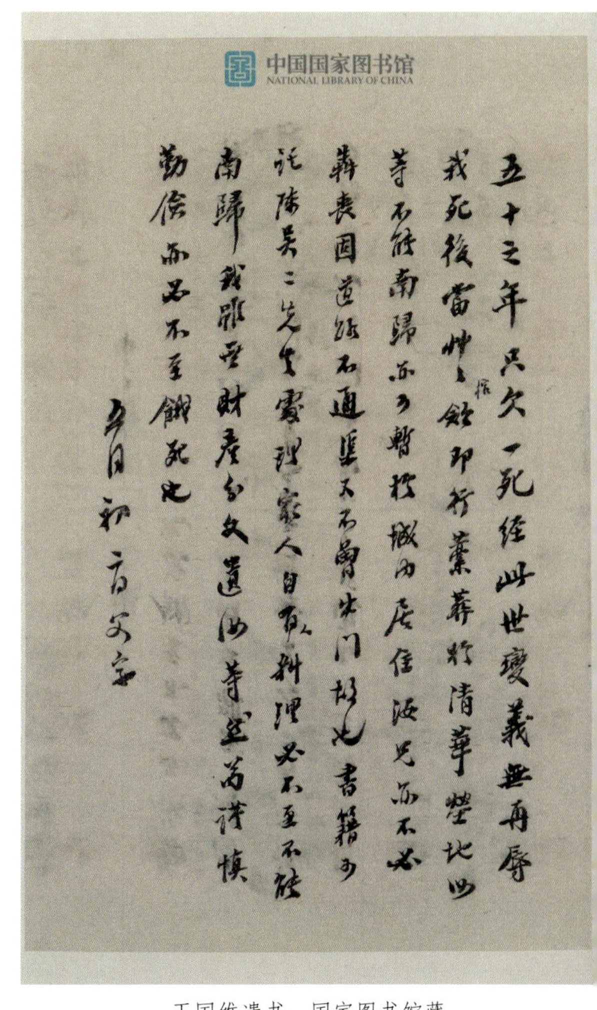
中国国家图书馆
NATIONAL LIBRARY OF CHINA
五十之年只欠一死經此世變義無再辱
我死後當草草棺斂即行藁葬於清華塋地汝
等不能南歸亦可暫於城内居住汝兄亦不必
奔喪因道路不通渠又不曾出門故也書籍可
託陳吴二先生處理家人自有人料理必不至不能
南歸我雖無財產分文遺汝等然苟謹慎
勤儉亦必不至餓死也
五月初二日父字

王国维遗书，国家图书馆藏

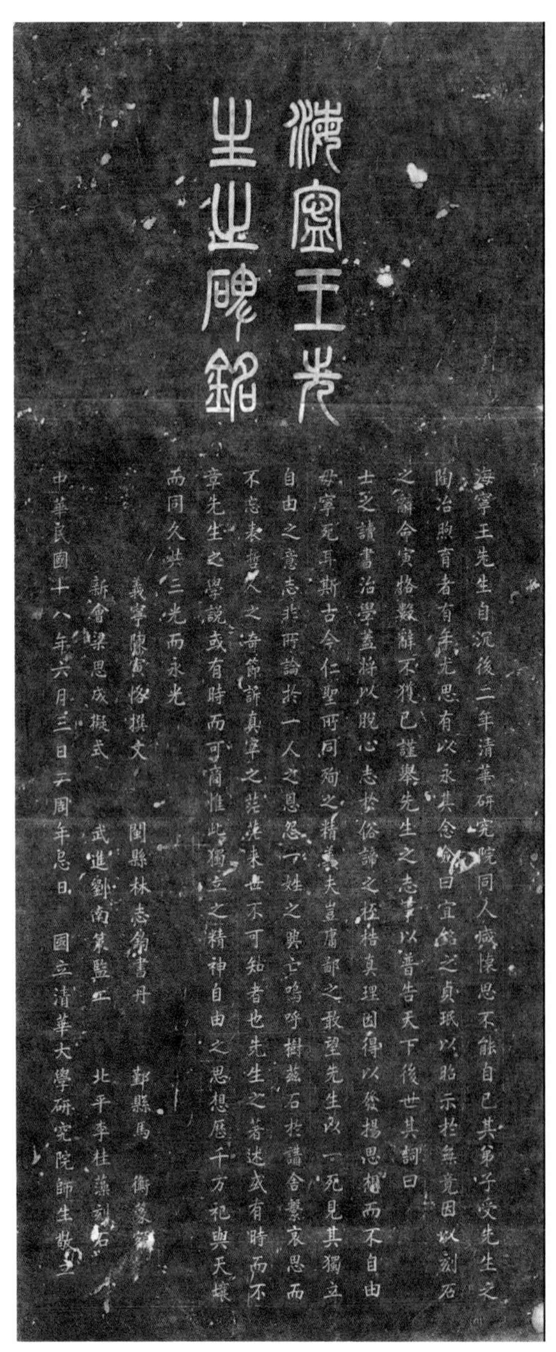
海寧王先生之碑銘

海寧王先生自沉後二年清華研究院同人咸懷思不能自已其弟子受先生之陶冶煦育者有年尤思有以永其念僉曰宜銘之貞珉以昭示於無竟因以刻石之詞命寅恪數辭不獲已謹舉先生之志事以普告天下後世其詞曰

士之讀書治學蓋將以脫心志於俗諦之桎梏真理因得以發揚思想而不自由毋寧死耳斯古今仁聖所同殉之精義夫豈庸鄙之敢望先生以一死見其獨立自由之意志非所論於一人之恩怨一姓之興亡嗚呼樹茲石於講舍繫哀思而不忘表哲人之奇節訴真宰之茫茫來世不可知者也先生之著述或有時而不章先生之學說或有時而可商惟此獨立之精神自由之思想歷千萬祀與天壤而同久共三光而永光

義寧陳寅恪撰文　閩縣林志鈞書丹　鄞縣馬衡篆額

新會梁思成擬式　武進劉南策監工　北平李桂藻刻石

中華民國十八年六月三日二周年忌日　國立清華大學研究院師生敬立

王静安先生纪念碑碑阴拓片，清华大学档案馆藏

十年持节遍西南，万里皇华光道路。幕府山头幕府开，黄金台畔起金台。主人朱毕多时誉，宾客孙洪尽上才。奉使山林绝驰道，幸缘薄谴归田早。宝华庵中足百城，更将何地堪娱老。⑥

端方死于1911年11月27日，此时清政府已经走向覆灭。12月，王国维即随罗振玉携家人远走日本躲避战乱。1912年，即民国元年1月10日，端方兄弟的头颅被放在装洋油的铁盒里，运抵辛亥首义之地武昌。鄂军都督黎元洪下令游街示众，据说当时万人空巷，人们欢呼着庆祝革命的胜利。端方死后十六年，王国维自沉于圆明园昆明湖鱼藻轩，留下“经此世变，义无再辱”的遗墨和永远的谜题。百年弹指间，越来越多的人相信王国维是殉了一种文化。

谢福芸，1885年（清光绪十一年）11月21日出生于中国温州，原名苏福芸，随父汉姓，后来因与英国驻天津总领事谢立山（Alexander Hosie）相爱结婚，随夫姓谢。她七岁时回英国接受教育，长大后又来到中国，创办培华女校[⑦]，这所学校后来成为林徽因的母校。而谢福芸在英国的名气甚至比她父亲还大，是一位作家和社会活动家。书写端方之死的那本书叫《名门》，是谢福芸的处女作，一度畅销欧美。

她还写了一本书名为《中国淑女》，1929 年在伦敦出版，书中有一位逻辑学教授，原型就是胡适，甚至还附上了胡适的照片。胡适生于 1891 年，谢福芸当时六岁，而苏慧廉则比胡适大了三十岁。苏慧廉当时也是庚款代表团的英方代表，谢福芸作为秘书随庚款代表团访问各地。这期间她和中方代表胡适有过深层交流，所以在书中真实地描写了胡适以及他的家庭，她还和胡适在火车里辩论起上帝是否存在的问题。在《中国淑女》里，谢福芸还写到 1910 年元旦，她在山西太原目睹了一次中国人的大型集会。她说："清兵们大喊：'万岁！万岁！'五岁的小皇帝刚刚坐上龙椅，一年以后，他就被废黜了。那是动荡的岁月，如今也是。"

谢福芸一生总共有六段在中国生活的经历，与中国有着极深的渊源。1923 年，中国发生大规模水灾，谢福芸号召来华的欧洲人为中国募捐。1937 年卢沟桥事变爆发，谢福芸在英国各地发起募捐，呼吁援助中国。和父亲一样，谢福芸对中国的未来充满信心。所谓卯兔辰龙，她认为，当时的中国正处在十二时辰里的卯时。卯时之后便是辰时，辰时一到，世界将迎来中国的胜利。她在《潜龙潭：北平新事》里说："也许卯时的生活还有点混乱，但辰时的生活一定会让人振奋，现在似乎可以透过远山看见巨龙震动的双翼。"[⑧]

守本分，不争名

和州刺史张敬因事迹不详，残碑可见"守本分""不争名"字样，想

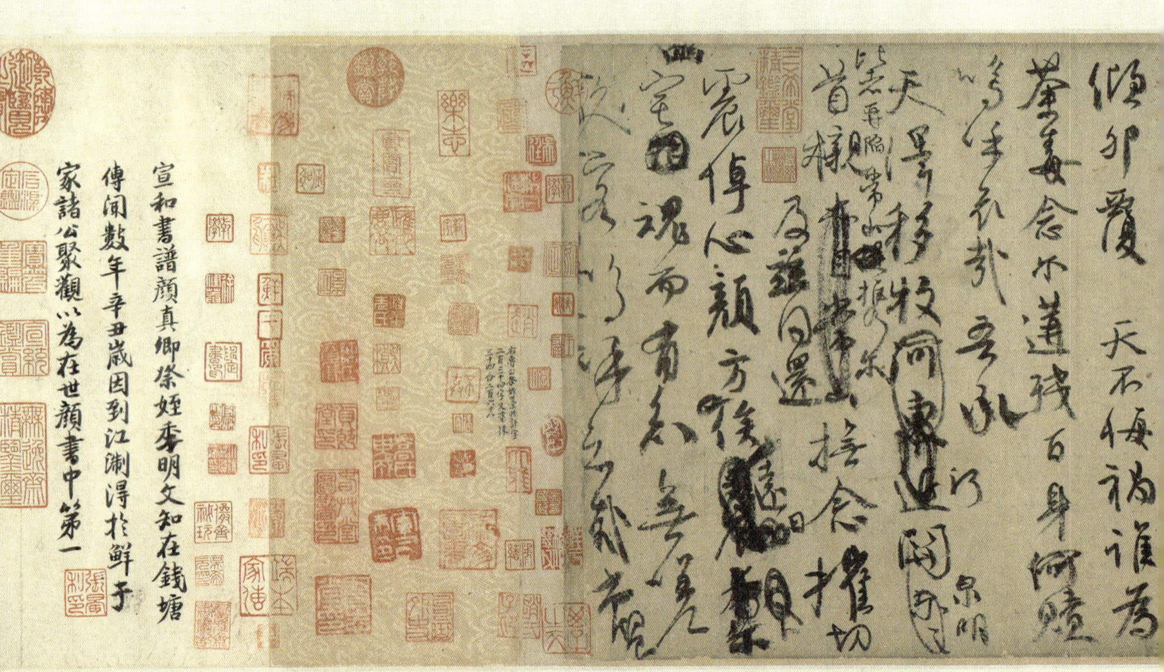

〔唐〕颜真卿行书《祭侄文稿》卷，台北故宫博物院藏

来是对碑主人品格修养的肯定和赞颂。另外根据残碑出土地点推断，张敬因应该是许州临颍人，即今河南临颍县。颜真卿可能与他是旧交，也可能是受人之托而作，但这些目前都未见相关资料，无从考证，也许背后又是一段可以讲一讲的故事吧。

唐时和州即今安徽和县，同朝著名诗人刘禹锡也任过和州刺史一职，且两人任职时间似乎相距不远。和县因位于历水之北，故曾经称为历阳。刘禹锡在和州时作过一篇《和州刺史厅壁记》，据文中所述，和州当时比较富庶。张敬因在这样的地方还能够“守本分”“不争名”，应该是有和刘禹锡一样的“陋室”精神吧！据《历阳典录》，刘禹锡的《陋室铭》也是写于和州任上。

如端方题记所称，张敬因碑在宋时就已经残了。欧阳修在《集古录跋尾》卷七说：“碑在许州临颍县民田中，庆历初有知此碑者，稍稍往模之。

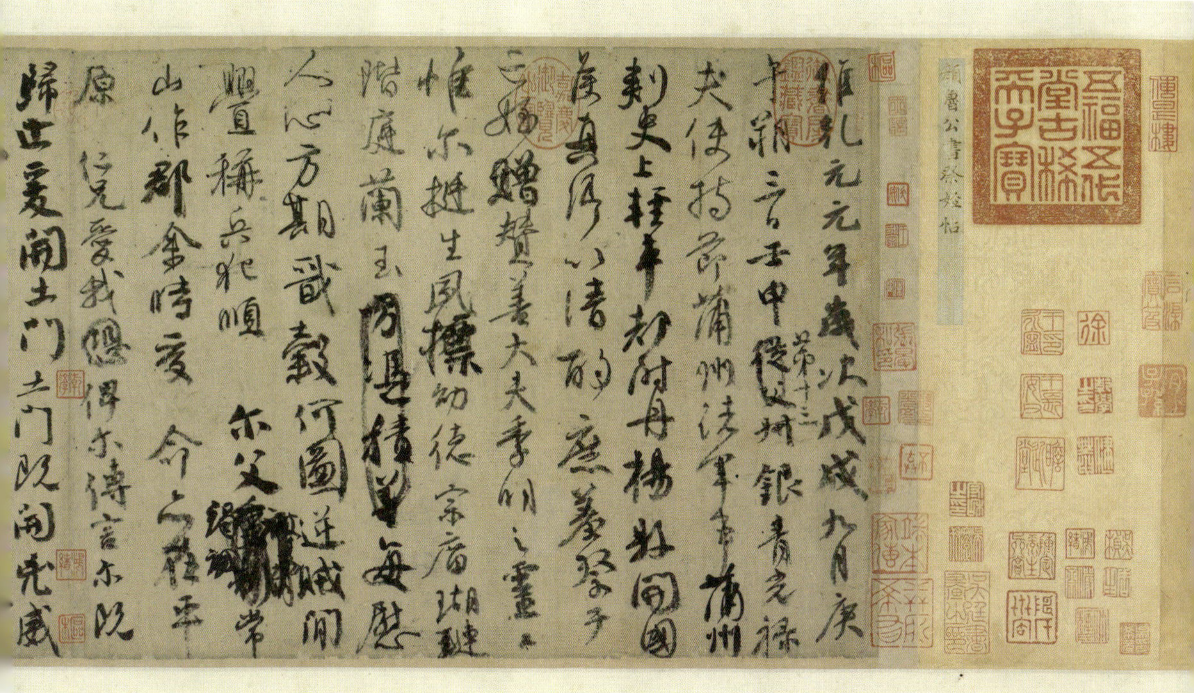

民家患其践田稼，遂击碎之。余在滁阳，闻而遣人往求之，得其残阙者为七段矣。”[9] 这是迄今所知有关于此碑石最早的记录。端方曾对这段残石具体描述道：“碑已残毁，现存之石，广三尺一寸，高尺寸不计。前后漫灭，惟中间八行，行存四五字。正书，径一寸八九分。……右碑于许州出土，王文敏、盛伯希皆以为鲁公书，而碑中并无年月。案：鲁公之殁在兴元元年，姑从二君之言，漫附于此。”[10] 拓碑时，残碑所见能够辨识的字迹有31个，字体宽博深厚，神韵肃然，是典型的颜体风骨。

端方所说的“鲁公之殁在兴元元年”，指的是颜真卿以身殉国的史迹。安史之乱被镇压后，形成藩镇割据。兴元元年，即公元784年，淮西节度使李希烈起兵造反，攻占了汝州，唐德宗命太子少师颜真卿前往劝降。颜真卿明知有去无回，依然义无反顾。颜真卿到达蔡州后，李希烈派使者去杀他。使者到了后说：“有诏书！”颜真卿便拜了两拜。使者告诉他诏书的内容就是赐他死，颜真卿回应道："我没什么功绩，罪当死。但不知使者何时从我大唐长安出发的？"使者轻蔑地说道："自大梁来，非长安也！"颜真卿则冷笑着回应说："那就是贼寇喽，还斗胆妄谈什么诏书？"颜真卿于是被杀，而他的精神，正如他留下的悼念为国捐躯的侄子的文稿，永远被后世膜拜崇奉。[11]

确实是苏慧廉的笔迹，这我熟悉

包括我在内的许多国人，是通过一本书知道、熟悉苏慧廉的，那就是沈迦先生的《寻找·苏慧廉：传教士和近代中国》。

客观地说，苏慧廉在中西文化交流史上的确是值得铭记和书写的人物，然而当那段波澜壮阔的历史过去之后，在相当长的时间内，他籍籍无名。沈迦历时六年，从温州到牛津，探访苏慧廉生活过的地方，又奔走于英美各大图书馆之间，搜集了大量口述和文献资料，最大限度地还原了苏慧廉独特、精彩、跌宕的一生。更为难得的是，苏慧廉的生活背景、其一家的经历更牵涉当时中国社会的一些重要人物和重要事件，这为我们了解乃至研究相关问题提供了宝贵的视角和信息。

在写这篇文章时，我查找资料见到沈迦先生所写的《一石之微——漫记端方、苏慧廉的一页题跋》一文，发表在《读书》杂志 2022 年第 6 期。得知沈先生知道有这件苏慧廉题跋拓片，我也跟着感到欣喜，本文部分信息也参考了沈先生的文章。文章开头说："易福平兄发我一页图片，说得自辽宁省博物馆，其上有苏慧廉（William Edward Soothill）的题字，供我留存。确实是苏慧廉的笔迹，这我熟悉，他的汉名印章，倒是第一次见。"

其实，在残石拓影的上方还有一段外文题字，没有印章。我向许多朋友请教写的是什么，最后的结论是，那应为一段德语，但是具体写的什么内容以及何人所写，均无法辨识。

注释

①参见沈迦《寻找·苏慧廉：传教士和近代中国》，新星出版社2013年版。

②参见彭剑《钦定、协定与民定：清季制宪研究》，北京师范大学出版社2021年版。

③出自严复《与甥女何纫兰》，见于《严复全集》（卷八），福建教育出版社2014年版。

④出自陈三立《散原精舍诗文集》（增订本），上海古籍出版社2014年版。

⑤［英］《莎士比亚全集》，朱生豪译，时代文艺出版社2010年版。

⑥王国维生前将《蜀道难》等三首长诗合编为《壬子三诗》一集，但未收入《观堂集林》《王国维全集》等后来出版的作品集中，《壬子三诗》稿本今藏于国家图书馆。

⑦谢福芸在《名门》中记述了1911年秋天她在北京与学姊包哲洁办学事宜，武昌起义爆发后学校停办，1914年包哲洁又重新办学。

⑧参见［英］谢福芸《英国名媛旅华四部曲》——《名门》《中国淑女》《崭新中国》《潜龙潭：北平新事》，东方出版社2018年版。

⑨欧阳修行书《集古录跋尾》卷，今藏于台北故宫博物院。刊印本见于《集古录跋尾　集古录目》，上海古籍出版社2020年版。

⑩〔清〕端方《陶斋藏石记》，朝华出版社2019年版。

⑪《旧唐书》与《新唐书》均为颜真卿立传，记录相关事迹。

融会贯通，兼容并蓄

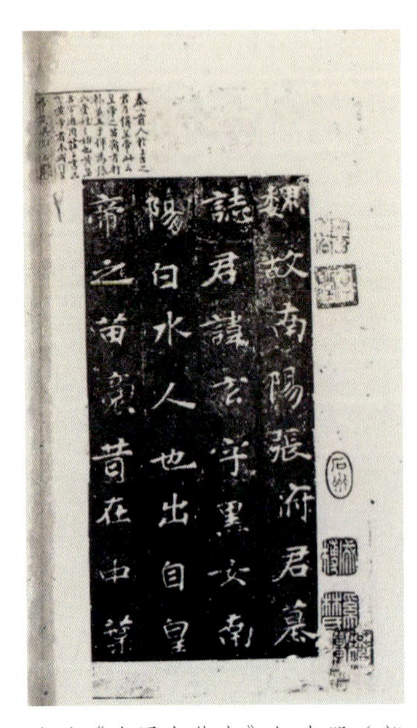
魏故南陽張府君墓
誌君諱玄字黑女南
陽白水人也出自皇
帝之苗裔昔在中葉

北魏《张黑女墓志》拓本册（部分），上海博物馆藏

1920年11月11日，近代著名思想家、教育家、翻译家严复先生，在福州老家给北京的瑸、珑、顼、玷诸儿写了一封信。信上说："三哥写字，近学《张黑女墓志》，甚有进境，日喜作书，所用皆日本兔毫硬笔也。二姊在此无事，则临王石谷一两张，甚有意思。"[1] 严复在这封家书中提到了《张黑女墓志》，值得我们细说。

"碑中兰亭"

《张黑女墓志》是刻于北魏普泰元年

（531）的一方碑志，原石已失，出土地亦不详。碑文中所说的“葬于蒲坂城东原之上”，应在今山西永济境内。迄今发现仅有碑拓传世，为清何绍基旧藏旧拓[2]剪裱孤本，现藏于上海博物馆。拓本上另有何绍基、陈介祺、崇恩、包世臣等十一人的题跋，内容包括作品本身书法问题和拓片流传经历。

墓志开篇说：“魏故南阳张府君墓志。君讳玄，字黑女，南阳白水人也。”也就是说，这块墓志原名为《魏故南阳太守张玄墓志》，简称应是“张玄墓志”，但清代要避康熙皇帝玄烨的名讳，于是以墓主的字重新命名，称为“张黑女墓志”。张玄是北魏大臣，“黑女”一般读 hè rǔ。此碑应系北朝名家所书，撰稿、书写、刻石、拓工皆精。

我们可以开门见山地说，《张黑女墓志》在书法史上有一个特别的价值，就是融汇南北书风。

清代经学家、金石学家阮元在其《南北书派论》《北碑南帖论》中，

北魏《张黑女墓志》拓本册（全貌），上海博物馆藏

提出了地域风格论，以地域为标准来区分魏晋南北朝时期的书法风格。他认为“南派乃江左风流，疏放妍妙，长于启牍”，而“北派则是中原古法，拘谨拙陋，长于碑榜”，且“两派判若江河，南北世族不相通习”。这种划分在古代书法理论研究上有很重要的意义，从此“北碑南帖”成为大家评说书法史的时候必定提及的概念。书法正式成为审美对象和审美活动，是从以王羲之为代表的晋代士人开始的，再往前可以追溯到汉末的钟繇和索靖，然而江南王羲之等人的书法以墨迹书帖为主，形成了“南帖”书派；而北方的崔悦、卢谌等人，则以刻石为主要的书法呈现形式，他们形成了“北碑”书派。

纵览古代书法史，南北书风的差异是客观存在的，尽管未必如阮元所说的那样泾渭分明。清代文艺理论家刘熙载在《艺概·书概》中的说法似乎更为妥帖，他说：“北书以骨胜，南书以韵胜，然北自有北之韵，南自有南之骨也。”同时，在魏晋南北朝民族大融合的三百多年间，随着文化交流的日益频繁，北碑与南帖的差异其实是越来越小的，最终彼此含蕴。清末学者沈曾植论六朝墓志，谈到隋《杨厉碑》时提出“书道至此，南北一家矣”[③]，而《张黑女墓志》既有北碑的筋骨、气势，又有南帖的神韵、风致，既雍容大方、宽敞疏朗，又婀娜多姿、潇洒俊逸，兼具金石气与书卷气之美，堪称北魏时期南北书风融合的典型。

另外，作为楷书碑刻，《张黑女墓志》中却依稀可见篆、隶、行等多种字体之笔法，也是体现汉字书体演变的标本。

这里需要指出的是，汉字书体的演变并非单线程的，在有些时段是两种或多种书体并行，它们互相影响、渗透、借鉴，并最终各自定型。特别是在魏晋南北朝时期，几乎篆、隶、草、行、楷同时使用，楷书的形成不仅有篆、隶的影子，甚至也有行、草的参与。康有为在《广艺舟双楫》里说：“书法之妙，全在用笔。该举其要，尽于方圆，操纵极熟，自有巧妙。方用顿笔，圆用提笔，提笔中含，顿笔外拓。中含者浑劲，外拓者雄强，中含者篆之法也，外拓者隶之法也。”碑派书法的字体由于是经由凿刻形成，所以书写起来在起笔、收笔、转笔处常有棱角，呈方形，称为方笔；相反，帖派书法在起笔、收笔、转笔处常裹锋、转锋，因而多含蓄圆润，称为圆笔，而到了行书阶段，书写追求圆转流畅，所以帖派的特性愈加明显。

魏碑多方笔，而《张黑女墓志》的特别之处就在于是以圆笔为主，辅以方笔，通过对篆、隶笔法的吸收，达到了兼具劲健之美与灵动之韵的艺术效果，甚至被尊为“碑中兰亭”。

《张黑女墓志》的碑文中说，张黑女乃黄帝的后裔，祖先累世为官，其本人“禀阴阳之纯精，含五行之秀气，雅性高奇，识量冲远”，官南阳太守，在他的治理下，“民之悦化，若鱼之乐水”，不幸的是突然卒于任上，时年三十二岁。这样一位值得记诵的人物随着如此经典的碑志名垂千古，当然是一桩佳话，但我们更应该感谢的是无名的撰稿人、书写者及刻拓工，他们传承了华夏的文化与艺术。

“有清二百余年第一人”

上海博物馆所藏《张黑女墓志》，系清代何绍基旧藏旧拓剪裱册页，为海内孤本。那么何绍基是什么人呢？何绍基，字子贞，号东洲，湖南道州（今湖南道县）人。他的大名在清、近代以降是非常响的。因为书法，他被认为是“有清二百余年第一人”；因为诗文，他被认为是“晚清学苏第一人”。

在遇见“张黑女”之前，对何绍基的书法影响较大的有两个人，一个是他的父亲，另一个就是阮元。

何绍基的父亲何凌汉，曾任大理寺卿、工部尚书、吏部尚书、户部尚书等朝廷要职，还曾主持多省乃至顺天府乡试，担任过翰林院编修、山东学政、浙江学政等文化教育类职务，做过经筵讲官，在诗文、儒学、书法、校勘等领域皆有造诣。何凌汉应该是一位成功的父亲，他自己出身贫寒，靠苦读科考出仕，然而不仅四个儿子都很优秀，自他之下一门四代皆有所成就且全部擅书画，甚至第五代还在诞生书画家、篆刻家。如他的曾孙何维棣是书法家、学者、四川大学首任校长。在父亲的指导下，何绍基早年学帖，师法唐代诸家，临欧楷，后又随父亲寻访天下名碑，博采众家之长。

碑学在清代兴盛，访碑师古成为学者的必修课。如朴学大师顾炎武，他在《金石文字记・序》中说，自己在少年时就喜好访求古人的金石之文，周游天下，所到名山、巨镇、祠庙之迹，登危峰，探深壑，履荒榛，遇到可读的碑文必定抄录。又如金石学家黄易，他在访碑的过程中，以写实的笔触绘制了《嵩洛访碑图册》，该册页后还可见何绍基题记二则。在辽宁省博物馆 2022 年举办的“人・境——古代文人的园中雅趣”主题展中，今藏于北京故宫博物院的《嵩洛访碑图册》借展其中，并压轴出场。

据《清史稿・文苑列传》载：“绍基承家学，少有名。阮元、程恩泽颇器赏之。”清代碑学兴盛，在很大程度上与阮元的碑学理论有关系，他为书坛开拓了生机，被称为“清代碑学复兴第一人”。何绍基是阮元的门生，

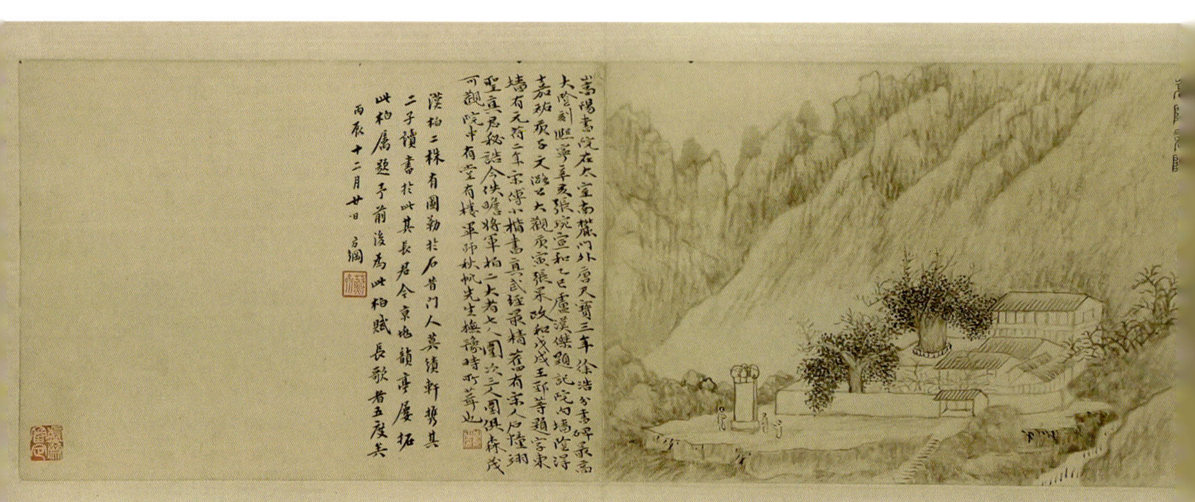

〔清〕黄易《嵩洛访碑图册》（部分），北京故宫博物院藏

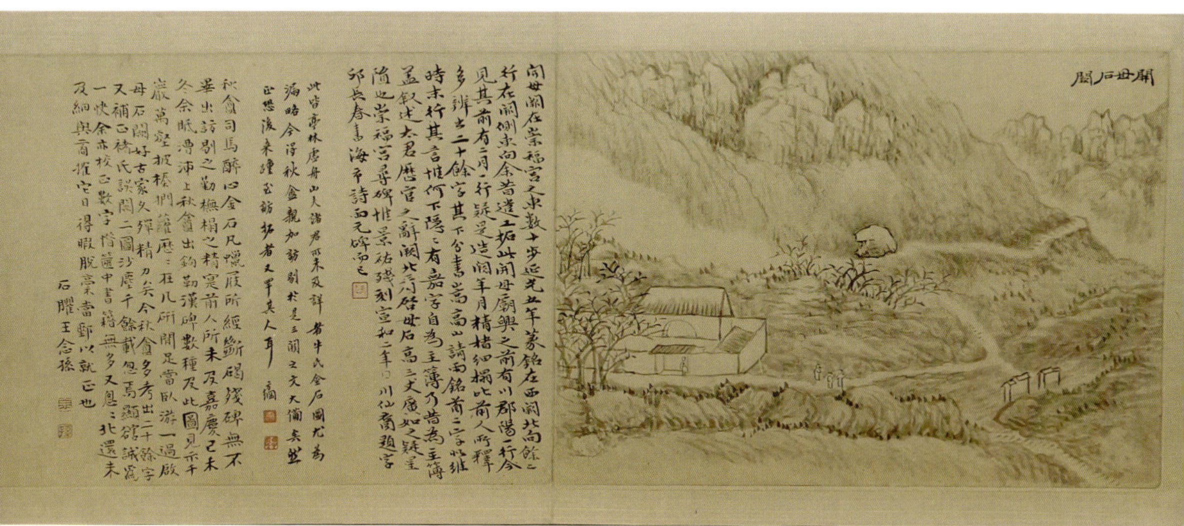

〔清〕黄易《嵩洛访碑图册》(部分)，北京故宫博物院藏

他也曾接受老师的观点，并属意北碑。阮元提出南帖北碑论，是基于“二王”之后南帖一派兴盛而北碑少有人重视的现状，有为北碑正名之意，所以在书法实践中他也是学碑的。但随着视野不断拓宽，何绍基并未囿于师门之见而把北碑与南帖视为“判若江河”。

道光五年（1825），二十六岁的何绍基，于济南偶得《张黑女墓志》宋拓本，顿感眼前一亮，大受震撼。他评价《张黑女墓志》说：“化篆、分入楷，遂尔无种不妙，无妙不臻，然遒厚精古，未有可比肩《黑女》者。”他将该拓本视为珍宝，从此潜心临习终身不辍，“置枕中不一日离也”。何绍基在《张黑女墓志》的跋语中还写道：“余自得此帖后，旋观海于登州，既而旋楚，次年丙戌入都，丁亥游汴，复入都，旋楚，戊子冬复入都，往返二万余里，是本无日不在箧中也。船窗行店，寂坐欣赏，所获多矣。”一人一帖，走过两万余里山山水水，这在书法史上也应该是一件极为浪漫的事了。

在不断研习的过程中，何绍基对南北书法有了更深的认识。他说，“君看南北碑，均含篆籀理”，“南碑兼有北碑势”，“右军南派之宗，然而《曹

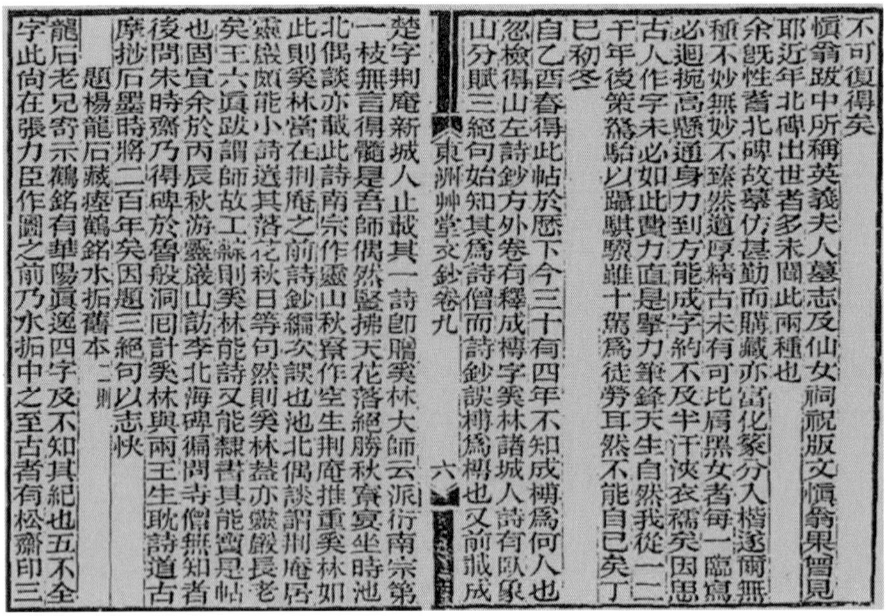
不可復得矣
愼翁跋中所稱英義夫人墓志及仙女祠祝版文愼翁果曾見
耶近年北碑出世者多未聞此兩種也
余既性耆北碑故摹仿甚勤而購藏亦富化篆分入楷遂爾無
種不妙無妙不臻然遒厚精古未有可比屬黑女者每一臨寫
必迴腕高懸通身力到方能成字約不及半汗浹衣襦矣因思
古人作字未必如此費力直是孼力筆鋒天生自然我從一二
千年後策駑駘以躡騏驥雖十駕爲徒勞耳然不能自已矣丁
巳初冬
自乙酉春得此帖於歷下今三十有四年不知成榑爲何人也
忽檢得山左詩鈔方外卷有釋成榑字奚林諸城人詩有臥象
山分賦三絕句始知其爲詩僧而詩鈔誤榑爲樽也又前藏成
東洲艸堂文鈔卷九　六
楚字荆庵新城人止載其一詩卽贈奚林大師云派衍南宗第
一枝無言得髓是吾師偶然豎拂天花落絕勝秋齋宴坐時池
北偶談亦載此詩南宗作靈山秋齋作空生荆庵推重奚林如
此則奚林當在荆庵之前詩鈔編次誤也池北偶談謂荆庵居
靈巖頗能小詩選其落花秋日等句然則奚林蓋亦靈巖長老
矣王六瀆跋謂師故工隸則奚林能詩又能隸書其能賞是帖
也固宜余於丙辰秋游靈巖山訪李北海碑徧問寺僧無知者
後問朱時齋乃得碑於魯般洞回計奚林與兩王生耽詩道古
摩挲石墨時將二百年矣因題三絕句以志快
題楊龍石藏瘞鶴銘水拓舊本 二則
龍石老兄寄示鶴銘有華陽眞逸四字及不知其紀也五不全
字此尚在張力臣作圖之前乃水拓中之至古者有松齋印三

何绍基在《东洲草堂文钞》卷九中谈及《张黑女墓志》跋文

娥》《黄庭》则力足以兼北派”，“细观此帖及《定武兰亭》，知山阴实兼南北派书法之全”。于是，融汇南北便成了何绍基书法的一个特征。[④]

何绍基在书法上远远超过父亲，但是在仕途上却远远不及父亲，他十八岁开始参加科考，直到三十七岁时才中榜湖南解元，五十四岁时才被委任为提督四川学政。在位不满三年，就被弹劾，从而结束了公务员生活。这也许是上天要成就一位书法艺术的宗师而有意为之吧！何绍基淡泊名利，离职后，开始了游历、讲学的生涯，文化教育和书法艺术成为其晚年生活的主要内容。他的家乡曾经有一位著名的前辈，就是写作《爱莲说》的大学者周敦颐。传说何绍基经常将家乡特产莲子送给朋友。一位官员为了求字，送给何绍基白银二百两和泉水一瓮，何绍基收下了泉水而将白银全数退回，留下“何子贞受水返银”的典故。

清代是中国古代书法的最后一页，在各个书体都曾在各个时代出现宗师级人物的前提下，何绍基依然能够融汇诸家诸体，创造出古代书法史最后的高峰，这不单是书法本身的问题，与他的学养、品格都有密切的关系。曾国藩评价其字是“必传千古无疑”，评价其人为“子贞之直，对之有愧”。

近代诸界之先驱

1919 年 1 月，严复回到福建老家为三子严琥完婚，接着又自己做寿，操劳过度，哮喘病发，“几殆”。5 月去上海治病，12 月去北京治病。1920 年 10 月返回福建老家。11 月，他给北京诸儿写信时，便提到了“张黑女”。⑤从“张黑女”到何绍基，有一种精神被传递下来，那就是兼容并蓄。严复提到三子临“张黑女”，其实也是昭示着这样的精神，他的子女都受到了积极的家庭影响和多方面的养成教育，这与他自身兴趣广泛、视野开阔密不可分。

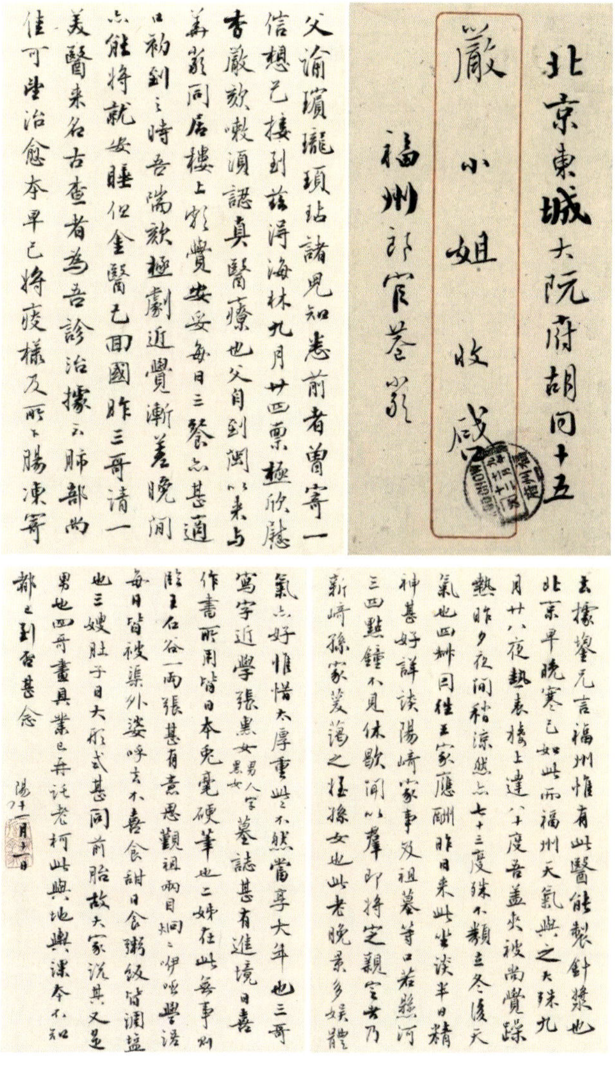

〔近代〕严复《与诸儿》信札，见于福州严复故居“严复家书暨福建乡贤文化展”

1854 年，严复生于福州一个中医世家，自幼深受传统文化的熏陶。1867 年，严复应募为海军生，求学于福州船政学堂，开始接触西学。1877 年秋，严复等六名学子通过格林威治皇家海军学院的入学考试，漂洋过海远赴英国留学。学成归国后在母校任教。1880 年他被李鸿章调至北洋水师学堂，先后任正教习、总教习、会办、总办等职，直至 1900 年北洋水师学堂关闭。后又任清廷筹办海军事务处顾问官、海军协都统、海军一等参谋官，任民国海军编史处总纂、海军部顾问。在严复一生的六十九个春秋中，至少有四十多年时间与海军有关。尽管始终没有进入中国海军的权力决策中心，也没有参加过实战，但是他为海军教育事业做出了巨大贡献，而且较早强调海权理论，是近代中国海军建设的先驱。[⑥]

在任职北洋水师学堂期间，他还创办了《国闻报》，发表了《原强》《救亡决论》等一系列振聋发聩的文章，是近代中国新闻事业的先驱。后来他历任皖江中学堂监督、北洋水师学堂总办、京师大学堂编译局总办、复旦公学校长、安庆高等学堂监督、京师大学堂末任总监督、北京大学首任校长兼文科学长等职，积极帮助北洋女子公学、天津俄文馆、北京通艺学堂等办学。在实践中他反复强调，民族振兴、国家富强最根本的是开展智、德、力教育。严复是系统阐释近代中国如何摆脱困境走向富强的第一人，也是提出“三育体系”并从德、智、体全面发展的角度来讨论教育宗旨的第一人，是中国近代教育事业的先驱。

诚然，严复最广为人知的身份是杰出的翻译家，“信、达、雅”理论的提出者，诸多外来词汇的首译者，是中国近代翻译事业的先驱。其翻译的《天演论》《原富》《群学肄言》《群己权界论》《社会通诠》《法意》《穆勒名学》《名学浅说》被称为“严译八著”或“八大名译”。时人评论认为，“自严氏书出而中国民气为之一变”，严复也由此成为介绍西洋近世思想的第一人。再加之其原创的一系列唤醒民族自强的论著，严复又被称为近代伟大的启蒙思想家。

严复一生致力于传播西学，但是他认为，传统文化永远是国族之根本，因此提出在引介西学的同时更要复兴中学。他认为中国衰颓的根本原因是传统教化的失落，凡可以愈愚者，不问中西新旧。如果说后来的蔡元培校长让“兼容并包”成为了北大的精神标签，那么这位北大首任校长则是该精神的肇始者，他一生也在不断践行这样的思想。

严复还是一位卓越的书法家，只是他头上的光环太多，书法上的造诣在很多时候人们已经无暇提及。他自己在家书中，曾经多次提到过书法问题，也专门写过书论文章。清代帖学书法衰微，但严复并未随波逐流，碑帖皆攻，其所秉持的正是不偏倚兼包蓄的精神。他的书法融晋唐宋明诸家风格，汇南帖北碑之所长，其行、草、楷书主要取法“二王”、颜真卿、苏东坡，以颜书为骨架，结体外拓，以王羲之、孙过庭为血脉，笔调流利，宽博端庄，从容俊雅。⑦值得庆幸的是，近年来，严复书法逐渐受到重视。2017 年 5 月，“严复与北大”专题展在北京大学图书馆东门展厅举行，展出严复重要书帖手札多件；同年底，“绎新籀古　光气垂虹——严复书法特展”在北京故宫博物院延禧宫开幕，展出了严复临帖、信札、批注、对联、题赠、译著等文物百余件，呈现了严复先生的书法造诣。2022 年 8 月，“严复家书暨福建乡贤文化展”又在福州严复故居举办，展出了一批较为珍稀的严复信札诗稿。

严复育有五男四女，男有严璩、严瓛、严琥、严璿、严玷，女有严瑸、严璆、严珑、严顼，这些严氏后代在各自的领域都非常优秀。开篇所提严复家书中的“三哥”即严琥，“二姊”即严璆。严琥，字叔夏，严复第三子，幼名普贤，1897 年生于天津，曾先后入北京清华大学和唐山工业专门学校学习。1937 年起在福建协和大学等学校就职，历任教授、系主任、教务主任和文学院院长等职，解放后历任协和大学校务委员会主任、福州大学校务委员会副主任兼教务长、福州市副市长，1962 年病逝。

注释

①据严复《与诸儿》(六)，收入《严复书信集》，福建教育出版社2022年版。

②清代金石学家陈介祺根据该拓本的“毡蜡”拓法判断其为宋拓，因明代以后未见此拓法。他在拓本题跋中说:“此直似宋时毡蜡，明以后无此拓也。”

③参见文津《论沈曾植“通古今以为变”的书学观》，载《中国书画》2018年11期。

④参见钱松《何绍基年谱长编及书法研究》，南京艺术学院博士学位论文，2008年。

⑤据《严复先生学术年表》，见于“中国现代学术经典”系列之《严复卷》，河北教育出版社1996年版。

⑥参见方堃《严复：基于近代新文化的海权与海军思想》，载《福州大学学报》(哲学社会科学版)2021年第5期。

⑦参见姚春树、沈金耀《读严复珍藏的〈麓山寺碑〉拓本题跋——并论严复与中国书法》，载《福建师范大学学报》(哲学社会科学版)2004年第2期。